Source

The Inner Path of Knowledge Creation

源泉

知を創造する
リーダーシップ

ジョセフ・ジャウォースキー 著
Joseph Jaworski

金井壽宏 監訳
Toshihiro Kanai

野津智子 訳
Tomoko Nozu

英治出版

Source
The Inner Path of Knowledge Creation
by
Joseph Jaworski

Copyright © 2012 by Joseph Jaworski
Japanese Translation Rights Arranged with
Berrett-Koehler Publishers, Inc., California
through Tuttle-Mori Agency, Inc., Tokyo

源泉（ソース）〔source〕　物、考え方、出来事――あらゆるものは、源泉《ソース》から生み出される。

＊訳注は本文の［］に記載。
＊邦訳のない書籍は仮題のあとの（）に原題を記載。
＊一マイルは一・六キロメートル、一フィートは〇・三メートル、一ポンドは〇・四五キログラムで換算。

はじめに　出現する未来を感じ、実現する力

自分自身の目的と意味を見つけると、
宇宙における意味を豊かにすることになる。
今までそこになかった重要なものを創り出すのである。
私たちはその一部であり、それは私たちの一部だ。
宇宙の進化において、私たちはパートナーになるのである。

一九七三年のはじめ、アメリカはのちに「ウォーターゲート事件」として知られるようになるリーダーシップの危機に直面していた。そして私個人も人生において危機的な状況に陥り、『シンクロニシティ』（英治出版）に記した発見の旅を始めることになった。

本が出版されてまもなく、じかに経験して学んだことの根本的な側面について、読者から質問が寄せられるようになった。しかし私は答えることができなかった。ときどきワークショップをひらいたり依頼先の組織で仕事をしたりしたが、そんなときは「無資格で」弁護士を開業している気がした。「全体」として完成させるには、欠けているピースがあったのだ。ときには、

知に近づいている気が——暗黙知［物理学者のマイケル・ポランニーが提唱した、形式知以外の暗黙に知っていること］を得つつある気がすることもあった。しかし、はっきり言葉にして表すことはできなかった。

読者の中には、社会の信念体系——実在に対して私たちが抱くイメージ——という問題を探究してほしいと求める人もいた。あとでわかったことだが、彼らが求めていたのは形而上《けいじじょう》学、すなわち存在と知にまつわる哲学だった。形而上学は、私がそれまでに考えたどんなものもはるかに超えていた。私にわかっているのは、自分が述べていることは、直接の経験に、そして私と話をして「自分が変じゃないことがわかりました」と述べた何百人もの読者の直接の経験に即しているということだけだった。

こうした質問すべてと私自身の成長によって、私はこれらの経験の根底にある基本原理を理解すべく、全く新しい探究へと乗り出した。最終的には、自分たちの根本的な性質を学びたい、知りたいという気持ちは、人間の基本的な欲求なのだと思うようになった。形而上学は、経験を構成しなおして使えるものにし、次いで科学的、社会的、個人的な実在を形成する。それは人間の経験を説明し、私たちの心の奥底にある願望をかなえるものなのである。「形而上学が何の役に立つのか」という質問に、数学者にして物理学者、哲学者でもあるH・ディーン・ブラウンはこう答えた。「われわれは、われわれが見ているものになる」

未来学者のウィリス・ハーマンは、かつて私に言った。「現実に対する心のイメージを入念に変えると、人々は世界を変えることができます」。さらにこんなことも言った。「社会における根本的な本当の変化は、政府の命令や議論の末の結果としてではなく、膨大な数の人々が考えを変えてこそ起きるのです」

『シンクロニシティ』の初版が刊行されてから、そこで述べたこと——一般にあるさまざまな力に単に影響されるのではなく、出現する未来を感じて具体化し、その未来を実現するために私たちが持っている力のこと——の中心にある原理を探し続けてきた。知とつながって、その瞬間に必要な行動をとれるようになる私たちの力の源泉は何なのか？　どのようにすれば、個人としても集団としてもその力を発揮できるようになるのか？

　こうした疑問に対する答えは、十五年以上の年月をかけてゆっくりと明らかにされた。そしてようやく、学んだことをなんとか明快に話せる気がしてきたため、私は本書『源泉』を執筆した。書こうとしたのは、『シンクロニシティ』に記した経験の土台となる原理を探究したことはもちろん、「源泉《ソース》」——もっといい呼び名が見つからない——の性質を理解することだった。

　まさにその性質によって、源泉《ソース》は定義することができない。物理学者のデヴィッド・ボームは私にこう話した。「われわれにとって最も近くにある実在は、明確に言い表すことができない」。また本書を書くにあたって話を聞いた二人の科学者、ロバート・ヤーンとブレンダ・ダンは次のように述べた。

> ……はるかに深く広大な、実在の源が存在する。それは、直接的な人間の経験からも、言葉にして説明することからも、理解さえからもかけ離れたものだ。そして、それこそが、形而上学者や神学者、ユングやジェイムズの考え方を継承する心理学者、科学哲学者ら、その本質と

働きを理解し、説明しようと懸命に努力するすべての人々によって、予測され、考えられてきた領域である。「道《タオ》」「気」「プラーナ」「虚空《こくう》」「アカシックレコード」「一なる世界（ウヌス・ムンドゥス）」「不可知の実体」「未知の大地（テラ・インコグニタ）」「原型的な場」「隠れた秩序」「先住民の知覚できるものの多さ」「内蔵秩序」「ゼロ点の真空」「存在論的レベル」「分割されていない、永遠の、原初から存在する実在」など、その分野独自の名前があれこれつけられてきたけれども、どれ一つとして、この領域の崇高にしてとらえどころのない性質を十分に表しているものはない。われわれは過去の論文ではそれを「意識下の種の型」と言い表したが、これからは「源泉《ソース》」と呼ぶことにしよう。

言葉で説明することはできないが、源泉《ソース》を経験することは可能だ。私が初めて経験したのは、本書のプロローグで述べる竜巻が起きたときだった。以来私の探究の旅は、言葉にして説明することではなく、どうすれば源泉《ソース》とつながれるかを、つまりどうすれば源泉《ソース》とダイアローグ（対話）できるようになるのかを理解することが目的になった。源泉《ソース》とダイアローグすると、創造性がもたらされる。これは、最も成功した企業家精神あふれる事業に必ずあるものだ。そうした「根源知」に基づく行動は、「息をのむほどの成果を上げる」のである。

この十五年にわたる旅は長く曲がりくねった道のりをたどったが、その間に、仲間の一人と私は、出現する未来へ近づくべく、のちに「Uプロセス」として進化させたものを探究したいと思うようになった。そしてU理論を探究することによって、共著『出現する未来』（講談社）を著すことになった。

しかし、Uプロセスに関するこの著書とU理論についての私たちの考えに、私には不満が残った。本当の変革とは、「Uの底」（と私は呼ぶようになっていた）で起きるものであり、私たちが今取り組んでいることを超えた何か――私たちが本当には理解していない何かが必要だと、そんな気がしたのだ。その「何か」を、私は「源泉《ソース》」と呼ぶことにした。この源泉《ソース》とリーダーがつながることができるかどうかで、成功するか失敗するかが分かれることが少なくない――ある実験プロジェクトが失敗に終わったときの苦い経験から学んだように。そしてそのときを境に、私のゆく道は仲間たちの道から分かれ、私は本書へと続く旅を始めることになった。

源泉《ソース》を理解しようと旅する中で見出したものの中心には、この「はじめに」のあとに記した、「四つの原理」がある。できるだけ簡潔に述べようと努力したが、その一方で、四つの原理を探究することや、それらがどのように明らかになったかということは、私が本書で述べる話の重要な部分である。実際、四つの原理を深く理解するには、私は残りの人生すべてをかける必要があるだろう。

探究をしていく過程で、私は西洋の科学・物質主義の世界観――二〇〇年以上にわたって西洋を支配してきた、私たちの体に染みついている信念体系――について深く検討した。そして今ではこう思っている。この信念体系は、現代の社会が直面している問題にもはや合わなくなっている。今まさに、歴史的な変化が起きつつある。もっと包括的な世界観が現れつつある、と。組織なら、そうした世界観を実現する上で中心的な役割を果たせるはずだ。

『シンクロニシティ』が出版されたころ、最高の評価を得ている組織は、ロバート・グリーンリーフが「サーバント・リーダー［メンバーを支援して目標達成に導く奉仕型のリーダーシップ］」と呼ぶ人たちによって導かれていた。そういう人たちのことを、スコット・ペックは「第三段階」のリーダーと呼んでいる。しかし私は、より進化した世代の組織のトップに立つべきは、私が「第四段階」のリーダーと呼ぶ人たちだと思っている。第四段階のリーダーは、サーバント・リーダーの特徴と価値観を兼ね備えているが、さらに成熟し、いっそう包括的で深遠なレベルにまで進化している。そして目を見はるような役割を果たし、結果をもたらすようになる。それだけの働きをする要《かなめ》となるのは、暗黙知とつながる能力である。これにより、私たちが望む組織や社会について構想を練り、創り出すことを含め、画期的な考え方や、戦略策定や、革新が行えるようになるのだ。

第四段階のリーダーは、宇宙には目に見えない知性があって、私たちを導き、創り出すべき未来に対して準備させてくれると信じている。彼らは、周囲の世界についての認知理解を、自分は宇宙に眠る隠れた可能性を必ず実現できると信じる気持ちに、すなわち、今ある世界を変える力をもたらす考え方に結びつけているのである。

現場主任から最高責任者にいたるまで、リーダーがみなそうした性質を持つ組織は、今後数十年で大きく成長するだろう。成功を収め、そのために、いよいよ複雑化し混乱していくただ中《なか》にあって何が可能かを示す生きた手本になるだろう。新たな世界観を持って行動することにより、生きた手本となるそうした組織は、蔓延している信念体系を変える上で大きな役割を果たすことができるのだ。

組織としてであれ個人としてであれ、自分自身の目的と意味を見つけると、宇宙における意味を豊かにすることになる。今までそこになかった重要なものを創り出すのである。私たちはその一部であり、それは私たちの一部だ。宇宙の進化において、私たちはパートナーになるのである。

本書が役立つことを願っている――あなたがより高いレベルへと成長・進歩していく上でも、そして、あなたの組織や社会全体がリーダーシップを発揮する上でも。

四つの原理

[1] 宇宙にはひらかれた、出現する性質がある。

一連のシンプルな構成要素が、新しい性質を持った新しい統一体として、自己組織化という、より高いレベルで突然ふたたび現れることがある。そうした出現する性質について原因も理由も見つけることはできないが、何度も経験するうちに、宇宙が無限の可能性を提供してくれることがわかるようになる。

[2] 宇宙は、分割されていない全体性の世界である。物質世界も意識も両方ともが、分割されていない同じ全体の部分なのだ。

存在の全体——一つの物であれ、考えであれ、出来事であれ——は、空間と時間それぞれの断片の中に包まれている。そのため、宇宙にあるあらゆるものは、人間の意思やあり方を含め、ほかのあらゆるものに影響を及ぼす。なぜなら、あらゆるものは同じ完全なる全体の部分だからである。

[3] 宇宙には、無限の可能性を持つ創造的な源泉《ソース》がある。

この源泉《ソース》と結びつくと、新たな現実——発見、創造、再生、変革——が出現する。私たちと源泉《ソース》は、宇宙が徐々に明らかになる中でパートナーになるのである。

[4] 自己実現と愛（すなわち宇宙で最も強力なエネルギー）への規律ある道を歩むという選択をすることによって、人間は源泉《ソース》の無限の可能性を引き出せるようになる。

その道では、数千年にわたって育まれてきた、いにしえの考えや、瞑想の実践や、豊かな自然の営みに直接触れることから、さまざまな教えを受けることになる。

源泉——知を創造するリーダーシップ❖目次

プロローグ

あなたは目を見はるような能力を秘めている。
あとはそれを解放する方法を知るだけだ。
――デヴィッド・ボーム

一九五三年五月十一日、月曜日だった。私は十八歳。テキサス州ウェーコ〈当時の人口は八万五〇〇〇人〉にあるベイラー大学の一年生だった。寮に一人でいて、その週後半に提出するレポートを仕上げているところだった。午後四時半ごろにはもう、空が暗くなっていた。雨は二、三時間前から激しく降っていたが、今では土砂降りになり、風も強くなってきている。と突然、まるで何十両もの貨物列車がうなりを上げて私の部屋を走り抜けていくような、そんな衝撃に襲われた。ほんの数秒の出来事だったが、私は呆然となった。「一体――今のは何だったんだ」。それから数分と経たないうちに、雨は小降りになった。

これといった考えもなく、私はウィンドブレーカーを着て野球帽をかぶり、思い切って外に出た。よく考慮した上での行動ではなかった。気がつくと、目抜き通りのほうへ向かっていた――

電気の流れている電線がだらりと垂れ下がっている中を歩く危険も顧みず。街には誰もいなかった。車も全くなかった。人っ子一人、見当たらなかった。

私はケイティ・パークの近くを通りかかった。地元テキサスリーグの野球チームがプレーしている野球場だ。パークは跡形もないと言っていい状態で、その場に崩れ落ちていた。残っているのは壁一枚だけ。近くの建物は、肉屋の巨大な包丁で切られたかのように、真っ二つになっていた。私はそのまま街の中心部の、フィフス・ストリートとオースティン・ストリートが交差するところまで歩いた。六階建てのR・T・デニス・ビルディングがあるところだ。ほぼ一ブロックいっぱいに広がる家具店で、私がよく夕食を食べるクリス・カフェのはす向かいにあった。

あとでわかったことだが、その交差点――フィフス・ストリートとオースティン・ストリートがぶつかるところ――は、恐ろしい竜巻の中心地だった。交差点に近づいた私は、目を見はった。デニス・ビルディングは消えてなくなってしまっていた。代わりにあるのは、うずたかい瓦礫の山だった。竜巻が生み出した真空によって壁を外側へ吹き飛ばされ、六つの階すべてが連鎖的に崩れ、地階へと落ちたのだ。煉瓦の壁は、建物沿いの通りにいた車を押しつぶし、一・五～一・八メートル高さの煉瓦の山の下敷きにしてしまっている。クリス・カフェと隣のパレス・クラブ――私が足繁く通っていたビリヤード場――も消えてなくなっていた。どちらも四・五～六メートル高さの、ただの巨大な瓦礫の山と化していた。

あとで知ったことだが、私が見た破壊の跡は、テキサス史上最悪の、全米でもワースト一〇に入る竜巻が残した爪痕だった。時速四八〇キロメートルの突風が、帯状約三十七キロメートルに被害をもたらした。死者は一一四人、怪我をした人は一二〇〇人にのぼった。

❖

私は、最初にその場に来た五、六人のうちの一人だった。交差点には、気味が悪いほどの沈黙がたれ込めている。みな立ち尽くし、ショックで声も出ない。しかし数分としないうちに、誰からともなく私たちは一丸となって、捜索救助活動を始めた。医者が近くにいて、何をどうすればいいか指示をしてくれた。私たちはその特異な場所で、夜を徹し、明くる火曜の正午までチームとして行動した。全力を尽くして、生存者を見つけ出し、掘り出した。交差点に着いてほどなく、私は女性が瓦礫に埋もれているのを見つけた。女性を助け出し、腕に抱えて、医者が野戦病院と呼ぶことになる場所へ連れていくと、医者は診てすぐに言った。「もう亡くなっている。この場所を遺体安置所にしよう。ここは野戦病院になるぞ」

それは極度の慎重さが求められる作業だった。私たちは根気よく、瓦礫を一つずつ取り除いた。誰かが持ってきてくれた懐中電灯と軍手を使い、その特異な場所で夜通し、一致団結して作業をした。警察が拡声器を使って、捜索救助活動に加わらない者はみな立ち去るよう指示をした。

私が着いて一時間としないうちに、近くのコナリー空軍基地から助けが来た。午前二時三十分には重機も届いた――しかし私たちが作業しているところでは、役に立たなかった。それどころか危険でさえあった。生存者を発見すると、瓦礫が動いてその人を押しつぶしてしまわないよう、細心の注意を払う必要があったのだ。最終的に、私たちはカフェとビリヤード場のあった場所から、多くの生存者を救い出し、二十九人の遺体を見つけ出した。

私たちの小さなチームは、途中で放り出すことなく作業をやり抜いた。みなで力を合わせて作業している間、私はチームがエネルギー場に包まれているのをはっきり感じた。意識が研ぎすまされている。ふつうでは考えられないくらい頭が冴えて、ものごとの全体がわかるような感じがする。時間がゆっくりと進んでいく。私たちは、きわめて難しい作業を、まるで造作ないことであるかのようにこなすことができた。実際とてつもないことをやり遂げたし、私はこのときのことを振り返って、「一体どうしてあんなことができたんだろう」と首をかしげたものだった。しかしそのときは、それはごく自然なことに思えた。およそ苦労などでもなかった。もっとも、私たちは最大限の努力をしていた。見事なまでに一つにまとまり、「単一の知性」として、一つの有機体として行動していた。

私たちは最初から、自己組織化［混沌とした状態から複雑な構造が自律的に形成されていく現象］を実践していた。チームのリーダーシップは必要に応じ、そのときそのときで切り替わった。私は意識することなく、また誰かに命じられたわけでもなく、行動していた。個人の判断で行動しているという感覚もなく、作業をしていた。私たちはまるで、達成すべきことを達成するために、道具として役立てられているかのようだった。しかし何より、私が衝撃を受けたのは、より深いレベルの知を自分が体現していることだった。これだ、と直観したことは常に正しかった。作業している間、私たちは必要な強さと、勇気と、辛抱強さと、精神力を持っていた。

作業が完了して初めて、極度の疲労に襲われた。火曜の午後の早い時間に、私たちは作業を終え、さよならを言った。誰もが実感していたことについては、何も語られなかった――その必要がなかった。全員がそれを感じていたのは間違いない。本物の信頼と絆が、消えることなくはっきり残っていた。

❖

大惨事のあとの数日間、私は経験したことすべてについてじっくり考えた。もっとも、成長のその段階では、どう考えればいいのかよくわからなかった。何もかも、夢の中の出来事だったような感じもした。一方で、その後の人生に深い影響をもたらすものだという直観もあった。

年を追って成長・進化するにつれ、理解も深くなっていった。理解は、同様の経験をすることによってさらに深まり、おかげであの数時間にウェーコで起きたことの本質がわかるようになった。そうした経験の一つとしては、数年後に、事故で私の胸を押しつぶしそうになっていたジープの前方を友人が持ち上げ、命を救ってくれたことがあった。そのときも、竜巻のあとに感じたあのエネルギー場と、深くつながり合っているという感覚とが存在したのだった。同様の経験をもう一度したのは、法律事務所のチームが難しい訴訟のただ中《なか》にあるときだった。とりわけ、クライアントが社会的不正の犠牲者で、私たちが不正を正そうとしているときには、強く感じられた。

時が経つにつれ、私の中でこんな思いが強くなっていった。グループ全員によるそうした経験の源泉を探究し、その経験を危機に直面することなく活用する方法――社会全体の利益になるよう、組織として行動する状況においてそうした現象を役立てる方法――を突きとめる必要がある、と。弁護士を開業して二十年が経つころには、もっと学ぶ必要性を絶えず感じるようになり、また、この国のリーダーシップは緊急になんとかしなければならないほど危機に瀕しているように思われた。そのため私は弁護士の仕事を辞める決心をした。

事務所を辞めて二日後、私は優れた物理学者のデヴィッド・ボームに出会い、無限の可能性を持つ創造的な源泉《ソース》――「内蔵秩序」――があり、顕前秩序（顕在する宇宙）に内蔵されていることを教わった。その日学んだことによって私の世界観は永遠に変わり、それからのちに起きるすべてのことが始まることになった。ボーム博士に会った一週間後、私はヒューストンへ飛び、アメリカン・リーダーシップ・フォーラムを創設した。

数年にわたるリーダーシップ・フォーラムでの経験から、私は、人々の中には一体感を経験したい、自分より大きなものの役に立ちたいという強い欲求があることがわかってきた。そんなふうに役立つことが人間である意味だということも理解し始めた。だからこそ、個々のメンバーよりもっと大きなものと結びつき、一つの意識として行動するチームの一員であるという経験は、人々の人生においてたぐいまれな瞬間として光彩を放つことになるのだ。中には私と同様、その経験の精神を再現する方法を、残りの人生をかけて探し続ける人もいる。あるいは、やはり私と同様、何年もかけてその経験の本質を理解しようとする人もいる。いったい、知とつながって、まさにその瞬間に必要な行動をとれるようになる私たちの力の源泉は何なのか？
本書は、その問いの答えを探す、私の探究の物語である。

1　企業家的な衝動の源泉――探究の旅が始まる

企業家的な衝動の源泉は何か？　知とつながって、まさにその瞬間に必要な行動をとれるようになる私たちの力の源泉は何なのか？

一九九八年春、私はウッドランズ（ヒューストンのすぐ北に位置する）にあるシェル研修センターの大ホールの、後方席に座っていた。その十八カ月前、シェル石油（ロイヤル・ダッチ／シェルグループの当時の独立部門）とテキサコとサウジ・アラムコは、合衆国における精製・流通・販売（この業界の「下流事業」）すべてにおいて事業を統合することを発表していた。この「同盟《アライアンス》」により、年間売上高が四〇〇億ドルに迫る、世界一の下流事業が生まれることになる。彼らは、私が共同設立したジェネロン・コンサルティング社に、より高度なリーダーシップを育て、単に部門を統合するのではなく全体として結束できるよう力を貸してほしいと頼んできた。

春のその日、統合作業チームのメンバーである約二五〇〇人の幹部社員は、新事業を始めるために集まっていた。テキサコの最高執行責任者、グレン・ティルトンが冒頭の挨拶を述べた。その中でティルトンは、この同盟が直面している最も大きな課題は、ここ五年でどんどん市場に登場してきている行動が速く企業家精神に富むやり手たちにいかに対抗するかだ、と述べた。

「ここにいるわれわれは今まで、石油業界大手の中にあって〈ゾウ〉として行動してきた。しかし来週からは〈ガゼル［俊敏な動きを見せるウシ科の動物］〉として行動し、本物の企業家にならなければならない。さもないと、五年もすれば、われわれの名は電話帳から消えることになるだろう」

場内は静まりかえっていた。ティルトンが続けて言った。「われわれはこの難局を乗り越えなければならない。しかし正直なところ、やり方がわからない。きみたち一人ひとりが見つけ出してくれることを期待している。われわれは思う以上にさまざまな努力をする必要があるのだ」

そのとき、あの問いがハッとひらめいた。「企業家的な衝動の源泉は何か？　知とつながって、まさにその瞬間に必要な行動をとれるようになる私たちの力の源泉は何なのか？」

答えはわからなかったが、私は確信した。懸命に取り組み続ければきっと見出せる、隠された重要な意味がある、と。まさにその瞬間、私のエネルギーが完全に変わった。まるで心の可変抵抗器が最大値まで上がったかのようだった。

自分に利益があるかどうかなどはみじんも考えず、私はただ、恐れを知らぬ気持ちと、圧倒的な解放感を覚えていた。理由はよくわからなかったが、すべての発端となるものを追いかけること以外、私にとって重要なものは何もなかった。

そしてそれを、私はその後十年の間、実行した。

2　意識のより深い領域

人生で大きな決断をするためには、
意識のより深い領域に達する必要があります。
すると、決断をすることは、〈決める〉というよりむしろ、
内なる英知を現れさせるものになります。
――ブライアン・アーサー

セッションが終わると、私は最高人材育成責任者《チーフ・ラーニング・オフィサー》のゲーリー・ジュセラを探した。そして、昼食を食べながら三時間、私が考える始まりについて語った。未来がどのように現れたいと思っているか、それをチームが感じられるようになるようなプロセスを開発すること、そして実際に現れさせることを。そのプロセスは、メンバーの意志と、あり方と、選択によって導かれるだろう。私はさらに言った。このプロセスの探究によって、どのような分野においても飛躍的な進歩となる変革が起き、今ある世界を変える知を創造することになるだろう、と。ゲーリーはすぐさま私の話を理解してくれた。

翌朝、私たちはこの「同盟」の共同CEO、ジム・モーガンに会いに行った。私は、ティルトンの話と彼が幹部社員に課した挑戦について軽く触れ、それからこう言った。「ジム、社員の中に企業家的な衝動を育てるのを手伝いましょう。八カ月あれば、リサーチを終え、プロセスを開発し、試験的運用を始められると思います。リーダーシップ・ラボをつくって、幹部たちが〈ガゼルのように行動する〉のに役立つ学習環境を提供することもできます。幹部たちは、この同盟のための重要な成長基盤を新たにつくり、飛躍的に業績を伸ばせるようになるでしょう」。ジムは一も二もなく、ゲーリーと私にゴーサインを出した。

明くる日、私はボストンへ戻り、C・オットー・シャーマーに協力を依頼した。オットーはピーター・センゲと研究を続けていて、マサチューセッツ工科大学（MIT）組織学習センター――先日、再編成され、組織学習協会（SoL）という名になった――の私の同僚でもあった。リサーチの指針を考えているときに、オットーと私は、イノベーション、発見、高い実績、企業家精神の分野における傑出した研究者および実践者の中から少なくとも五十人を探して話を聞くことにした。また、私の責務として、一九八〇年代はじめにアメリカン・リーダーシップ・フォーラムを設立して以来築いてきた人脈を使おうということにもなった。

その週のうちに、私は最初に会おうと思う人を二十人、リストに書き出した。リストのいちばん上に来たのは、コロンビア大学ビジネススクールで先駆的なコース「創造性と自己マスタリー」を担当しているスリクマー・S・ラオと、スタンフォード大学経営大学院で「創造性とイノベーション」コースを担当するマイケル・レイだった。著名な心理学者で、コロンビア大学医科大学院の主任心理学者、マイケル・リプソンにも早く会いたかった。先だって、アブラハム・マズローの親族から、公認の伝記作家になってほしいと言われ、マズローの個人的な日記を読むことを独占的に許された人だった。

優先順位をつけたそのリストをオフィスで作ったのは、ある夜更けのことだった。作り終え、ブリーフケースに詰めて部屋を出ようとしたとき、私は出入り口近くに置かれたテーブルをちらっと見て、一冊の雑誌に目をとめた。表紙に『ファスト・カンパニー』とある。文字どおり衝動的に、私は雑誌を手に取って、ひらいた。すると、たまたまひらいたそのページの側面記事に、編集者のアンナ・ムオイオが、複雑系という新しい科学の先駆者、W・ブライアン・アーサーと行った短い対談が載っていた。アーサーはサンタフェ研究所の設立にも大きな役割を果たした。スタンフォード大学で教鞭を執っていた一九八七年のことだ。研究所は、二十世紀が生んだ科学における重要人物たち数人によって設立された。ケネス・アロー（経済学）、マレー・ゲルマン（物理学）、フィリップ・アンダーソン（物理学）らノーベル賞受賞者、それにジョージ・A・コーワンである。コーワンは、ロスアラモスにある研究所の元所長で、原子爆弾の実験所で仕事をしていたこともあったが、六十三歳のときに「二十一世紀のさまざまな科学」を結びつけることに着手した。アーサー自身の言葉を借りるなら、サンタフェ研究所の使命は科学全体が「救済と復興」を実現することだった。一九八八年、アーサーはアローとアンダーソンから、研究所の複合的経済プログラムの初代責任者を務めてほしいと要請された。

『ファスト・カンパニー』の記事には、オペレーションズ・リサーチ――戦略策定と意思決定のきわめて科学的かつ数学的な手法――に関してアーサーが行った初期の研修についても詳しく書かれていた。記事の中で、アーサーはこう述べていた。「かつては、仕事のことであれプライベートなことであれ、決定木《デシジョン・ツリー》やゲーム理論や最適化を使えば、何でも決められると思っていました。でもやがて考えが変わりました」

アーサーによれば、事業を営む上での日々の仕事――オイルタンカーのスケジュールを考える、新しい工場の建設場所を決める、など――に関しては、科学的決定理論はかなり有効だという。しかし、「人生で大きな決断をするためには、意識のより深い領域に達する必要があります。すると、決断をすることは、〈決める〉というよりむしろ、内なる英知を現れさせるものになります」。アーサーは次のように指摘して対談を締めくくっていた。「意思決定に対してそうしたアプローチをするには、時間と忍耐力と、もう一つ、勇気が必要です。勇気がなければ、自分の内なる英知の声を聞くことはできません。しかし、いったん聞こえるようになれば、楽に意思決定できるようになります」

「意識のより深い領域」と「内なる英知」という言葉が、ぱっと目に飛び込んできた。ブライアン・アーサーが一気に、リストのいちばん上へ来る。そして私は思った。まずサンタフェ研究所から始めて、そこから先へ進む必要がある、と。

3　U理論の誕生

ある意味、意思決定というものは存在しなくなります。
何をするかが明らかになります。全く違ったルールが働きます。
――ブライアン・アーサー

一週間後、オットーと私はニューヨークへ行ってラオ教授とリプソン博士に会い、その翌週にはカリフォルニア州パロアルトでレイ教授に会った。その後、車でメンロパークへ向かっているときに、ビジネスパートナーのスーザン・テイラーから電話がかかってきた。ブライアン・アーサーはゼロックス・パロアルト研究所（PARC）にいることがわかったけれども、本を執筆中で、一切の会う約束を断っている、という。直接電話をする必要がある、とスーザンは教えてくれた。

私はすぐに電話して連絡を取ると、自己紹介し、プロジェクトについて説明した。しかし面接取材《インタビュー》には二時間ほど必要ですと告げると、アーサーは、新しい本を書いていて、会う約束はしないことにしているのです、と丁寧に断った。私はそこをなんとかと頼み、それまでに会ってくれた人たちのことを話した。少し沈黙があった――それから彼は言った、「わかりました、今日の午後二時に、二時間ほど時間をとりましょう」

私はゲーリー・ジュセラにすぐ電話し、この会合の重要性を話した。なぜそうしたのか、いまだにはっきりとはわからない。ただ、何か意識的な考えがあったわけではなく、より深い源から自然に行動していたというほかなかった。

素晴らしいことに、ゲーリーはこう返答した。「そんなに重要なら、私も加わりたい。明日の朝に延期してもらってくれ。夜行で行く。ゼロックスPARCで落ち合おう」

明くる日の朝、アーサー博士は誠意に満ちた態度を見せた。そして、ゼロックスPARCの所長ジョン・シーリー・ブラウンを紹介し、施設内を案内してまわり、それから大きな会議室へと連れていってくれた。私たちはレコーダーをセットし、私はこのインタビューを自分がリードすることをアーサー博士に伝えた。

アーサーは椅子にゆったりと腰かけて言った。「けっこうです。それで、収穫逓増《ていぞう》について何を話しますか」

私はちょっと戸惑ったが、こう答えた。「いいえ、アーサー博士。今日伺ったのは、企業家的な衝動の源泉についてお聞きするためです。つまり、出現する未来をどう感じ、実現させるか、ということを」。私は『ファスト・カンパニー』の記事を見せた。「この記事によってあなたのもとへ導かれたのです」

アーサーがちらりと記事に目を走らせ、部屋は長い沈黙に包まれた。アーサーはいっそう物静かな様子になった。そしてようやくこう述べた。「まさかこの話をすることになるとは――これは予定よりはるかに時間がかかりますよ」。それから、録音テープは決して他人に聞かれないようにしてほしいと言った。これから始まる対話では、彼がそれまで誰にも話したことのない個人的な考えが語られるのだった。

その瞬間から、会議室の空気がはっきりと変わった。私たちは五時間近くアーサーとダイアローグをし、その間にエネルギー場が、ちょうどウェーコで極限状態で作業していたときと同じように、たしかに感じられるようになった。私たちはアーサーと完全につながっているのを感じた。まるで一本の命綱でつながれているかのようだった。

その日から今にいたるまで、ブライアン・アーサーと私は、そうした現象——その場にいる全員が、不思議な感覚で互いに深く結びついているのを感じる時間——について、「神聖な」という言葉さえも使って何度となく話してきた。その時間はまるで、新しい重要な知を世界にもたらす人として、みながともに行動しているかのようだった。新しい重要な知、それは私にとっては、ウッドランズの大ホールの後方席にいたときに、すなわち、本書の執筆で終わる十年に及ぶ旅における重要な瞬間にした約束を実行することだった。

その後アーサーはこの源泉——彼が「知」と呼ぶもの——を活用するまでのプ、ロ、セ、スを大まかに話し始めた。「この内なる知はここから生まれます」。そう言って、アーサーは胸を指差した。「ある意味、意思決定というものは存在しなくなります」と続ける。「何をするかが明らかになります。全く違ったルールが働きます。あなたは、一歩下がります。サーファーか、腕のいいレーシングカーのドライバーのようになります。推論に基づいて行動するのではなく、内なる声に基づいて行動します。考えることさえしなくなります」

アーサーは明快な言葉を使ってプロセスについて述べ、三つの主要な段階、つまり「要素」があると説明した。最初にすべきは「ひたすら観察すること」です、と彼は言った。そんなふうに集中して観察するには、「武道やスポーツと同じように、数日かかるかも、数時間かかるかも、あるいはほんの数秒しかかからないかもしれません」。次いで、「じっくり考えて一歩下がります――内なる知を現れさせるのです」。そして最後に、「自然の流れに従って、素早く行動します」

これら三つの要素それぞれについての対話は、時間の経過とともにどんどん深いものになっていった。四人ともその瞬間にのめり込み、長い沈黙が続くこともあった――濃厚なエネルギー場に包まれているのを感じていたのだった。私たちは全く別の次元で意思を伝え合っていた。それは、紛《まご》う方《かた》ない、力強く、心を動かされる時間だった。

アーサーは最後の二時間の大半を費やして、一九八八年から一九九二年に香港に住む道教の師と毎日行った修行について述べた。その間、何度も香港を訪れ、「より深い知《ノウイング》の場所」へ行くのに役立つ鍛錬法を完璧にマスターしたのである。その後、北カリフォルニアの家に戻ると、先駆的な環境保護活動家であり探検家、教育者でもあるジョン・ミルトンとともに研究を続けた。ミルトン自身は、チベット仏教や道教の師と、数十年にわたって親しく交流していた。あとでわかったことだが、アーサーもミルトンも、私の親友にして導き手になった。また、二人とも、その後の私の人生において重要な役割を果たすことになった。

ゼロックスPARCでのダイアローグは、遠くない未来に私がまたアーサーに連絡すると約束して終わった。

建物を出て車に乗り込むと、私たちは三人とも黙って座席に座った。私は運転席に腰を下ろし、それからようやく、隣に座ったオットーのほうを見た。「これこそ、欲しくて欲しくてたまらなかったものだ」と私は言った。「ブライアンは、われわれが探し求めているまさにそのものを提供してくれたんだ」

そのとき、ひどく興奮した様子で、オットーがPDA（携帯情報端末）をブリーフケースから取り出して言った。「見てくれ——ブライアンの三つの要素は、〈U〉の文字に沿って書けるぞ」

ゼロックスPARCの駐車場で、私たちはUプロセスの最初のモデル、すなわち三つの段階から成る流れを、PDA上の大きな「U」のまわりに描いた。Uの左側には、「ひたすら観察する」と書いた。Uの底には、「より深い知の場所に行く」と書いた。そしてUの右側には、「流

ブライアン・アーサーのUプロセス

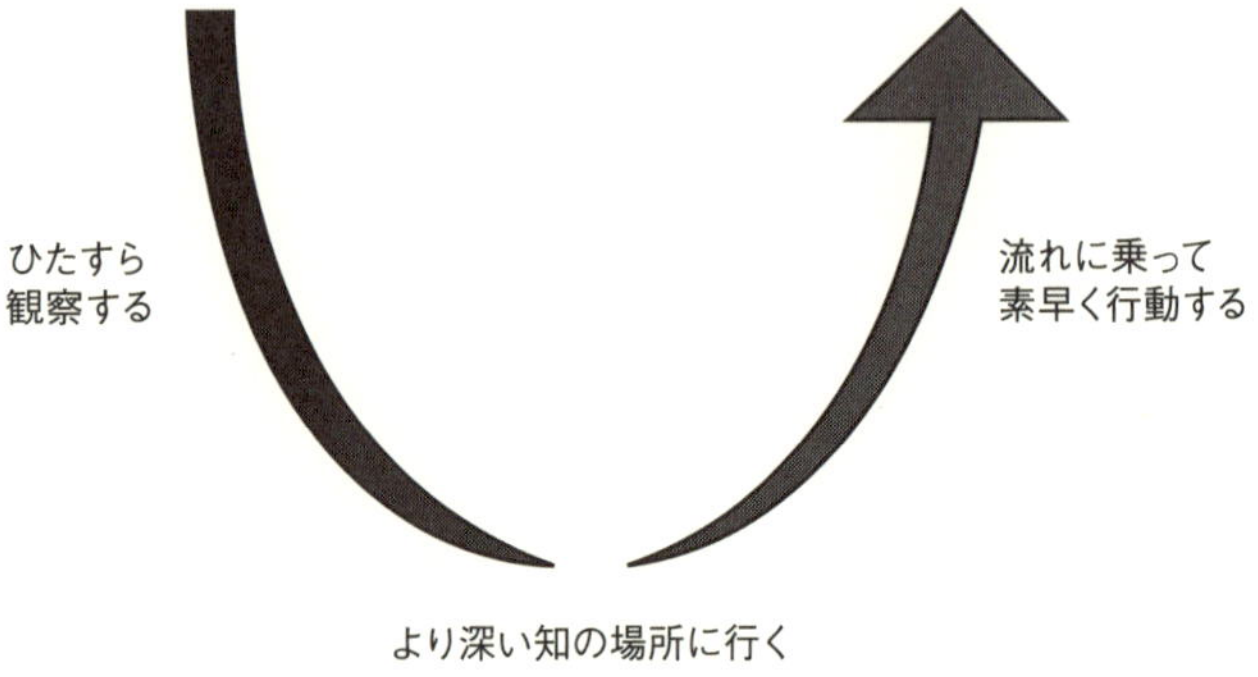

れに乗って素早く行動する」と書いた。

こうして私たちは、ジム・モーガンに約束した中核的プロセス——どのような分野においても画期的な変革が起きるプロセス、すなわち今ある世界を変える知識創造——について基礎的な理解を得たのだった。

4　創造的な発見のためのラボ

この二年間、私たちが判断を誤ったことはありません。
それどころか楽々と決めることができました。
これだ！　と思ったことはいつも正しいものでした。

——ゲーリー・ウィルソン

私たちは、インタビューとリサーチの段階に、四カ月を充てた——ブライアンが話してくれたUプロセスに関して言えば、この段階でのバランスを度外視するものになったけれども。数カ月の間ゲーリーやそのスタッフたちとともに作業をする中で、私たちは「同盟」の主要事業部門のマネジャーから成るデザインチームを作った。そしてこのチームと数週間にわたって定期的に会い、プロジェクトのための学習過程を共同で作り上げた。アクションラーニング・プログラムとして考えられるもので、経営にかかわる人々に従事してもらい、「同盟」が現実に抱える問題にリアルタイムで取り組んでもらうのである。デザインチームはこのプログラムを「デジタル経済における競争のためのリーダーシップ・ラボ」と名付けた。「同盟」内では単に「ラボ」として知られるようになる。二十一の事業部門から二十三人のマネジャーが選ばれ、このイノベーション・ラボに参加した。このマネジャーたちはシステム全体の縮図だった。

ラボ参加者として選ばれた人々向けの回報の中で、デザインチームはラボを「エグゼクティブラーニングのための新たなパラダイムを生み出す」機会だと考えていると述べた。その目的は、「リーダーは教師であるという概念を具体化する」ため、そして「各事業部門において、重要なイノベーションと変化のロールモデルとして行動し、結果として生きた手本を生み出すことによって、二十三人の参加者の学びを一万四〇〇〇人の全従業員に活用する」ためだった。

イノベーション・ラボのおかげで、チームは、「同盟」のための新たな成長基盤を生み出し、提案することができるようになった。また、同じくらい重要なこととして、チームのさまざまなスキルを伸ばして、各事業部門の潜在的な創造性をしっかり解き放ち、呼び覚ませるようにもなった。

たとえば、ある製油所は「同盟」の十八の製油所の中で、「最下位からトップ」になった。その製油所は平均して年間二〇〇〇万ドルの損失を出していたが、二年としないうちに、三八〇〇万ドルの利益を出すようになったのである。直接の原因は、市場変動ではなく、人々の仕事ぶりが変わったことだった。

所長代理のゲーリー・ウィルソンは、自分がその変革をリードできたのは、ラボに参加している間に学んだ原則やプロセスのおかげだと述べていた。「意識のより深い領域」に達して「内なる英知を現れさせる」ブライアン・アーサーのプロセスに言及してウィルソンはこう言った。「この二年間、私たちが判断を誤ったことはありません。それどころか楽々と決めることができました。これだ！　と思ったことはいつも正しいものでした」

　また、デイヴ・チャップマンという参加者によると、彼がCEOを務める「同盟」内のリース取引会社は長年業績が思わしくなく、売却されようとしていた。ところがチャップマンは、驚くべきことに、二〇〇〇万ドルだった売上総利益を、三年で六〇〇〇万ドルへと増やしたのである。その目を見はるような成長は、Uプロセスの力を理解して使った必然の結果だとチャップマンは語っていた。

　イノベーション・ラボが終了したのち、オットーと私は起きたことすべてを検討した。そして、私たちが明らかにしたプロセスはきわめて強力で、ビジネスだけでなく社会全体にとって意味を持つ可能性があることに気がついた。また、次の重要なステップとして、見出したものを公開する意思も固まった。インタビューはすべて記録している。また、社内報に載せるべく、シェルのサポートチームによって報告書もすでに準備されている。かくして、私たちは研究論文を準備し始めた。最終的に、ジェネロンの中では単に『赤い本』［ジェネロンのサイトで無料ダウンロードできる］として知られるようになる研究論文である。以来、『赤い本』は長きにわたって私の手引き書として、「聖書」として役立ってくれている。私はUプロセスと手を携えてきたのである。

5 『赤い本』

リーダーは新たな認識力を、
出現する未来を感じて実現する力を
育てなければならない。
——『赤い本』より

『赤い本』が完成したのは二〇〇〇年五月はじめ、「同盟」のラボが終了してすぐだった。Uプロセスの発見と発展を記録した、最初の公表された論文である。この論文を書くことは、インタビューをしたり最初のラボをリードしたりするのと同じように、私にとってたまらなく胸の躍ることであり、次への扉をひらくものだった。それまでの一年間の取り組みを集めて、まとめ、記録する、それは心から打ち込んでいればこそできたことでもあった。

プロジェクトのデザイン期間中、ゼロックスPARCでブライアンと会って以降ずっと、オットーと私は、インタビューを終えるたびに全米各地のコーヒーショップで何十回も話し合いを重ねることになった。数時間にわたってそうした話し合いをするとき、私たちはUの文字のまわりに書かれたすべての言葉について意義深いダイアローグを行った。各要素の背後にある基本理念についても、そこに示されたプロセス全体が社会にとって持ちうる意味についても。私たちは一般的なリーダーシップや、とりわけ組織におけるリーダーシップにとっての意味についても詳しく検討を重ねた。

そんなふうに数カ月を過ごす中でよく話したのは、私が『シンクロニシティ』に順を追って記した学びのことだった。出現する未来を感じて実現するプロセスについてのそれらの学びが、私たちが今取り組んでいるプロジェクトの基盤を築いていること。まさしくそのプロセスを歩みつつ、そのプロセスの完成に必要な知のバランスを明らかにしていたこと。そうした会話をするとき、私たちはブライアンとダイアローグしているときにあったあのエネルギー場に包まれ、いっそう深く学び続けられるようになった。私たちはそうしたプロセスを生き、同時にそのプロセスを創り出していたのだった。

私たちは、何かもろい今までにないものを、私たちの全存在を懸けて大切に育まなければならないものを生み出そうとしていた。私は、エーリッヒ・フロムが愛の要素について述べた『愛するということ』(紀伊國屋書店)から得た学びを思い出した——愛する人の人生や成長を積極的に気遣う「配慮」。愛する人の肉体的な欲求に加え、精神的な欲求を気遣う「責任」。そして愛する人に必要なだけ、思いどおりに成長させてあげる「尊敬」。結局のところ、そのように愛することは至高の気遣いなのだろう。私は、自分たちが発展させるよう求められているものに対して、常にそのレベルの気遣いをしたいものだと思った。

そうしたきわめて創造性にあふれた状態で、私たちは『赤い本』を書いた。草稿はわずか一週間で書き上げた。最終的にできあがったものは、五十ページほどの長さになっている。十年前に書いたものを今読み返してみて、私たちは与えられていた贈り物の重みを、肌身で感じていたのだと思う。

われわれは重大な変化の時代に生きている。世界各地のリーダーたちは、次第になじみが薄れていく世界の中で、同じような課題に取り組んでいる。そうした環境で成功するためには、リーダーは新たな認識力を、出現する未来を感じて実現する力を育てなければならない。その力によって新しい知識創造が生み出される。組織にとっては、基本的な問いを投げかけることにもなる。その力は、とりわけ大きな組織や機関において、確実に広めたり用いたりできるものなのか……？　この問いに対する答えはコアプロセスを生み出し、それを中心にして組織や産業界や機関は将来、活動を計画するようになるだろう。

しかし同時に、私たちはプロセス全体に多くの謎があることに気がついた。私にとってとくに不思議だったのは、この点だ。Uの「底」ではどんなことが起きるのか？

このプロセスについてどう話せばいいのか、その本質をどう言い表せばいいのか、私たちにはおよそわからない。それはどの分野に属するものなのか。単に知識創造の問題にすぎないのか。

自覚や意思を生み出すものなのか。集団のエネルギーや意思や行動を動かすものなのか。そのすべてとイコールなのか。プロセスの基本となる作用や段階はどのようなものなのか。さらには、どのような特質があればこのプロセスを生み出せるのか。出現する新たな世界との関連においてリーダーシップの問題を深く追っていけばいくほど、行動へとつながる知に関して自分たちがわずかなことしか知らないことに気づかされる。

『赤い本』が、一連のきわめて重要で複雑な疑問を解決する最初の一歩にすぎないことはわかっていた。人間の知のとてつもなく広い未研究分野を探究しようとしていることも、『赤い本』に何を書こうと始まりでしかないこともわかっていた。しかしながら、とりあえずいくつか見出した重要な要素は、そうした疑問の少なくとも一部に対する一つの答えになるだろう、と私たちは書いた。

また、こうも書いた。新たなリーダーシップの本質には、ラボのデザインの中に概略を示した三つのタイプの組織空間をつくることが含まれる、と。それらの組織空間のおかげで、企業家精神に富むリーダーたちは、観察する（外の世界とつながる）、より深い知の場所へ行く（内なる世界とつながる）、実行に移す（新たな冒険と新たな実在を生み出す）という三つすべての段階を、大規模なイノベーションと変化という一つのコアプロセスの三つの側面と位置づけて進んでいけるようになるのである。

私たちは次のように結論した。

これら三つの組織空間と段階を進む中で、リーダーやリーダーのコミュニティが手段および経路となり、出現するこの新たな原動力が現実になる。本物のイノベーターはみなこのように役割を果たしてきたのだ。こうした原則とプロセスを未来の組織づくりの中心に据えると、ビジネスや社会構造や社会全体に大変革がもたらされるだろう。

八年以上が経ち、このプロセスを使った同規模の実験を三つ行ったのちに、私はこのプロセスが本当はどれほど細やかな神経を要するものであるかを――チームが確実に約束を果たせるようになるにはどれほどの努力と犠牲と無私が必要であるかを理解できるようになった。そのプロセスをリードしたりそれに参加したりするのに必要な準備の入念さが、まだわかっていなかったのだった。

『赤い本』が完成してまもなく、私たちは「サロン」をひらくことにした。三日間にわたってダイアローグを行い、私たちが明らかにしたことすべての意味を探究し、次のステップを考えるのである。ピーター・センゲとオットーはすでに、マッキンゼー・アンド・カンパニーとSoLが共催する、「知とリーダーシップにおける研究者」二十五人への世界規模のインタビュー・プロジェクトにかかわっていた。このプロジェクトと、私たちの「同盟」が行ったインタビュー・プロジェクトは、共通点があったり重複したりしていた。また、ピーターとオットーはプロジェクトの経過をマイケル・ユングとジョナサン・デイに定期的に伝えていた。二人は、マッキンゼーの友人でプロジェクトの後援者として活動しており、また彼ら自身、創造的なリーダーシップの領域をさらに深く探究している最中だった。サロンは、彼らから学び、Uプロセスの進化の次のステップへの指針――いわば「交通ルール」――をつくって応用範囲を広げる、またとない機会になるにちがいなかった。

私たちは、マッキンゼーの仲間二人に加え、ブライアン・アーサーと、オットーが以前インタビューしたことのある野中郁次郎にもサロンに加わってもらうことにした。野中はアメリカの経営者たちの間で高く評価されていた。その仕事ぶりが初めて注目されたのは、『ハーバード・ビジネス・レビュー』に寄稿した論文「新たな新製品開発ゲーム（*The New New Product Development Game*）」だ。共著者は竹内弘高。一橋大学大学院国際企業戦略研究科長で、ハーバード・ビジネススクールの教授でもある。

その論文は、野中が初めて組織的な知識《ナレッジ》の創造を探究したもので、一九九一年にはさらに、やはり竹内と共同で「知識創造企業（*The Knowledge-Creating Company*）」を『ハーバード・ビジネス・レビュー』に書いた。一九九五年に出版された二人の著書『知識創造企業』（東洋経済新報社）では、集団の知力の発展について包括的理論が詳しく述べられていた。二〇〇〇年には、野中は「ナレッジ・マネジメントの父」として知られるようになった。長年にわたる彼の研究は全く新しい分野をひらいたが、それは私が一九八〇年代にアメリカン・リーダーシップ・フォーラムを設立してから私が探究してきたものすべてとそっくり重なるものだった。

あとでわかったことだが、アーサーと野中を交えた三日間のサロンのおかげで、私はその後U

の周囲に残る疑問の多くを解決することができたのだった。ある休憩時間に、野中と私は彼の仕事、とくに「暗黙知」の概念について長時間にわたって話をした。暗黙知のもとになっているのは、著名な物理化学者で哲学者でもあるマイケル・ポランニーの著作だ。人間は、ポランニーが「内在化」と呼ぶものを通して、飛躍のきっかけとなる知識を生み出し、突然のひらめきがもたらされるというのだった。

その会話が素地になり、さらには友人カジミェシュ（カズ）・ゴッズの力も借りて、私はやがて、Uの底にある謎を理解できるようになった。

そのときはわからなかったが、サロンは私の仕事がオットーのそれと道を分かつ、その始まりにもなった。皮肉なことに、オットーがエレノア・ロッシュ（カリフォルニア大学バークレー校の認知心理学の教授で、フランシスコ・ヴァレラとエヴァン・トンプソンとともに『身体化された心』〔工作舎〕を著した）に行ったインタビューの記録が原因だった。私はロッシュの論文を読み、彼女が「根源知」と呼ぶものが、Uの底で源泉《ソース》とのつながりを経験することを実にうまく述べていることに気づいたのだ。

ロッシュはこう述べていた。根源知は「（孤立して偶然に存在する部分ではなく）相互に結びついた全体を通して、そして（記憶した像の再表象ではなく）時間を超越した直接的な表象という方法を用いて現れる」と（『出現する未来』参照）。

そうした知は、確定的であるというよりむしろ「ひらかれて」いる。一定の条件のもとで有用になるのではなく、無条件に価値があるという意識が、知るという行為自体にもともと備わっているのである。そういう認識からなされる行為は、意思によって決定されるものではなく、自然に生まれるものだと考えられている。それは自己より大きな全体に基づいているため、思いやりがあり、また驚くほどの効果を発揮する可能性もある。

そのときから、オットーは彼が「U理論」と呼ぶものの研究に取りかかり、私は「Uの底」と呼び始めたものの探究に情熱を傾けるようになった。そしてこの情熱によってこそ、私はサロンの冒頭で、ウェーコの竜巻のことや、今では「源泉《ソース》」と呼んでいるものについて行ったほかのすべてのダイアローグのことを話したのだった。

❖

サロンの初日の夕食で、私が席に着くなり、隣にいたブライアンがさっと振り向いて言った。「二月にメキシコのバハへ来て、ジョン・ミルトンや私と一緒に、二週間行われる〈聖なる旅〉にぜひ参加してみてください」。その言い方は、尋ねているとか誘っているというよりむしろ指示に近かった。

それから何年も経ってから、ブライアンが言った。自分の口から出てきた言葉に自分で驚いた、と。「誘う」など我ながら思いもかけないことで、事前に考えていたわけでもなければ、「私」が来るだろうなどとも思いもしなかった、というのだった。実は私も同じ経験をしていた——考えもしなければ、スケジュールのチェックさえもせず、「行きます」と答えたのである。

そしてバハでの二週間が、私の人生を変えた。

力を合わせて「より深い知の場所」から行動すれば、
現代の重大な問題に対処できるようになる。

6　ババへ

「聖なる旅」のうちジョン・ミルトンとともに過ごす最初の四日間と最後の二日間は、ブライアンをはじめ五、六人のほかの参加者と一緒に、ベースキャンプで気づきのトレーニングを受けた。トレーニングは早朝から夕食まで続いた。パラパ（大きなヤシぶき屋根の小屋）のもと、美しい曲線を描く丸太のテーブルを囲んでの講義セッションと、パラパの隣にある庭での実践セッションが交互に行われた。

トレーニングの中心になっているのは、六つの敬うべき中心的原則だった。これは、ジョンが複数の道教の師に師事して学び、その後、世界で今なお最高の尊敬を集める種々の伝統的な思想において指導的立場にある人たちとともに磨きをかけた原則である。そうした英知を、ジョンは実にうまく、身近な言葉や日常的な練習へと変えていた。

この頃には、ブライアンはおよそ十年にわたってジョンと研究を続けていた。また、そうした

「聖なる旅」に、一カ月以上にわたるものも含め、二十回以上参加していた。そのため今回のトレーニングでは、個人コーチになって私を導いてくれた。

庭で行われる実践セッションは、古代中国の心身の鍛練法である気功を通じて、宇宙的エネルギーを高めようとするものだった。この鍛錬法の土台になっているのは「気」という古代中国の医学理論だが、気とは生きとし生けるものに活気をみなぎらせる生命力（コアエネルギー）だと考えられている。コアエネルギーを使った鍛錬法は、瞑想その他の鍛錬法と組み合わされ、ブライアンがゼロックスPARCで語った「より深い知」に私たちが近づきやすくなるようにしてくれるのだという。ジョンの言葉を借りれば、こうした鍛錬法は、高い目的意識を持ち集中して練習すると、私たちが人間として宿している無限の可能性を解放するのである。

気づきのトレーニングの最後に、私がリュックサックを背負って単独《ソロ》キャンプに出発しようとしていると、ジョンが私の腕に手をかけ、まっすぐ目を見て言った。

「いいですか、ジョセフ、自然に対して心の底から感謝なさい。そうすれば、自然が教えてくれるものに目を見はることになります」

ジョンから教わることに、私はすべて従った。そして七日にわたって初めてソロ・キャンプをする間に、二頭のコククジラと忘れ得ない出会いを果たすことになった。毎年一月から二月にかけて、バハにはコククジラの群れが集まってくる。冬が来るたび、南へ移動するのである。交尾と出産のために、ベーリング海からバハの暖かなラグーンへ、実に九六〇〇キロメートルの旅をする——記録にある動物の移動距離としては桁外れだ。

ソロ・キャンプの場所としてジョンが指定したのは、ソノラ砂漠の最南端のエリアだった。近くに砂漠の山岳地帯があり、内陸から海岸のすぐそばまで広がっている。私は、だだっ広い海岸を見下ろす海抜十五メートルの崖の上にテントを張った。山々と、砂漠と、海、すべてが合わさって、得も言われぬ印象を生み出している場所だ。海に面している側は鋭く切り立ち、いきなり海底へ――一〇〇メートル下へ――向かって落ち込んでいる。その地形のために巨大な力強い波が生まれ、一・六キロメートル先の内陸にまで残響が聞こえるほど激しく岸壁に打ちつける。海に目を転じれば、陸地にほど近いところで、クジラたちが戯れる。キャンプ中、彼らはテントから二十五メートルと離れていないところにまでやってきた。

ソロ・キャンプを始めて六日目のこと、海に面した絶壁の縁に立っていると、まさに真っ正面で、巨大な二頭のクジラが十七回、水の上に顔を出した。ぴたりと息を合わせ、体を弓なりに反らせて完全に水から出て、また頭から水の中へもぐっていく。

それから少しして、深い海の中からミサイルのように勢いよく空中へ飛び出し、クジラたちは水の中から全身を現した。尾が水をはね飛ばし、二頭はほんの一瞬、宙にとどまると、まるでさざ波一つ立てないかのように、まっすぐ水の中へ戻っていった。彼らはこれを三度、繰り返した。

私はそのクジラたちとまさしく一体になっていた。彼らのあり方は、過去に私が経験したどんなことも凌駕している気がした。その瞬間から、私の人生が変わった。ずっと神の前にいたのだという印象が消えなくなった。ウッドランズの大ホールの後方席にいたときと同じように、自分のアイデンティティの基盤がまた変わろうとしている。高い崖の上に座るうち、不意に衝動がこみ上げてきた。ある考えが、勢いよく浮かんできたのだ。「Uプロセスの効果を、それなりの規模で試す必要がある」という考えである。そのプロセスは、「同盟」のときと同様、リーダーの成長のために使えることに、私は気がついた。しかも今回は、企業だけでなく、政府機関および非政府組織のリーダーのためにもなる。彼らはきっと、人類が直面している地域的・世界的な緊急の問題を解決するために協力し合えるようになるだろう。どんな機関も、単独ではそうした大きな問題を解決できないが、力を合わせて「より深い知の場所」から行動すれば、現代の重大な問題に対処できるようになるのだ。

この不意に得た直観によって、私は、実証《デモ》プロジェクトを立ち上げてUプロセスを大規模に試すべく、「グローバル・リーダーシップ・イニシアチブ」の設立へと歩み出すことになった。

7　実証プロジェクト

欠けているのは、関係するすべての人が、
長期的かつ共通の利益のためにともに考える方法なのです。
――ハル・ハミルトン

ソロ・キャンプとその後の気づきのトレーニングが終わると、私はジョンとブライアンに会って、直観したことを伝えた。私たちは数時間にわたって話をし、今度の八月に、コロラド州クレストンにあるジョンの家に集まろうということになった。

そして八月、ジョンとブライアン、それにジェネロンとMITの仲間数人は、Uプロセスを試し、発展させる取り組みを世界的、地域的に行って、多くのステークホルダーによる問題解決およびリーダーシップ開発の発展的方法にする、というビジョンを具体化した。誰もが切迫感を感じていた。さらには、そのほんの十日ほどのちにワールドトレードセンターのツインタワーが破壊されたことで、私たちはいっそう熱心に取り組もうと思うようになった。「イニシアチブ」の組織化に向けた正式な会議は、ニューヨーク市の、グラウンドゼロから一キロメートルと離れていないところで、ツインタワーが倒壊してきっかり三十日後に行われた。

仲間のネットワークを通じて、私たちはまず世界の七つの地域で、突っ込んだダイアローグをしてまわることから始めた。どのプロジェクトをターゲットにすべきかを判断するために、世界規模で「観察」したのである。私たちは多国籍企業や政府や多角的機関や市民団体のリーダーと、そして南北アメリカ、ヨーロッパ、アフリカ、アジアの活動家団体のリーダーと話をした。

立ち上げの時期に私が最も力を傾けたのは、資金を集めることと強力なスポンサーのバックアップを確保することだった。ヨーロッパにいるとき、私はアムステルダム近くのごく小さな村パトンでのちょっとした集まりに招待された。そこに招待されたことはやがて、最大規模の二つの実証プロジェクトを始めるにあたり、重要な意味を持つことになる。その集まりで、ある人に――英蘭系食品大手ユニリーバ社のアントニー・バーグマンズ会長に出会ったためである。アントニーはのちに私を、ユニリーバの上級《シニア》マネジャー、アンドレ・ヴァン・ヒームストラに紹介してくれた。アンドレはやがて二つのプロジェクトのうち一つの主要なスポンサーになってくれた。またアントニーの会社は両方のプロジェクトを支援してくれることになった。

「イニシアチブ」は、バーモント州北部にあるトラップファミリーロッジで行われた会議で、正式に活動を開始した。十一の国から集まった七十人が、三日の間、美しい牧草地に張ったテントの下でプランを練り始めたのである。その六カ月後、ユニリーバとオックスファム（オックスフォード飢餓救済委員会）が、私たちの最初の試みとなるサステナブル・フード・ラボ（SFL）を始めた。協力してくれたのは、アメリカ、オランダ、欧州委員会、ブラジルの、三十を超える多国籍食品会社、非政府組織、主要な財団法人、それに政府代表者だった。この取り組みの目的は、ヨーロッパ、ブラジル、アメリカの「食糧サプライチェーン間で協調学習を発展させること」だった。

SFLの第一回創立総会で、設立メンバーたちはこう述べた。世界的な食糧供給システム――食べるものの栽培・飼育、収穫、購入、流通――というのは、およそコントロールできないシステムの典型例だ、と。そしてこう白状している。そうしたシステムのリーダーたちはできるだけよい決定をしようとしている。ただし、てんでばらばらなシステムにおいてだ、と。彼らの言葉を借りるなら、みな我先に「最下位をめざし」、誰もたどり着きたいと思わない目的地へ向かってもっと速く速くと進んでいたのだ。そうした状況を、SFLの共同責任者であるハル・ハミルトンは、次のように表現した。

大半の企業が、生産性を上げるには技術を活用することだと考えています。一方、活動家たちは、地元の農業団体や自然環境を破壊していると思う大企業と、全力をあげて戦おうとします。そのため政府は、増産を迫る企業からの圧力と、価格の下落によって農家の人々が土地を離れることになるという政治的な不安定さの間で板挟みになっているのです。裕福な政府であれば、年に五〇〇〇億ドルの農業補助金を出して対処できますが、そうでない政府の場合、そんな選択肢はありません。欠けているのは、関係するすべての人が、長期的かつ共通の利益のためにともに考える方法なのです。

設立メンバーたちが精力を傾けたのは、全世界の社会のために持続可能《サステナブル》な未来を確保すべく、こうした地球規模の食糧供給システムを変える術を学ぶことだった。

創立総会から四年足らずの間に、七十を超える企業や各国政府、農業団体、非政府組織がSFLに参加した。そして、食糧のサプライチェーンのあらゆる段階でイノベーションを起こすチャンスが生まれた。今では、SFLは独立系ベンチャーになり、バーモント州南部にあるサステナビリティ研究所を拠点に活動している。達成したことの一つには、「サステナブルフードのためのグローバルビジネス連合」の設立がある。現在は、世界中のメンバーのためにサステナビリティの基準をつくっているところである。

❖

二〇〇三年のはじめに、私たちは二つ目の実証プロジェクトである小児栄養パートナーシップ（PCN）の準備を始めた。PCNを主導したのは、ユニリーバのアジアの食品事業のトップ、テックス・ガニングだった。テックスはたぐいまれな独創性を発揮して、各部署を互いと、また共通の目的と深く結びつけることでユニリーバ中に知られていた。その仕事ぶりは、『砂漠までを往き来して』（*To the Desert and Back*）という本に記録されている。

テックスと私はヘルシンキで初めて顔を合わせた。SoLの第一回グローバルフォーラムで、共同のプレゼンテーションを行ったのだ。プレゼンのあと、テックスが言った。ユニリーバ最大の事業会社の一つ、ヒンドゥスタン・リーバはインドにあるが、その国の子どもたちが栄養失調で苦しんでいることに、二年ほど前からとても心を痛めている、と。テックスの話は驚くべきものだった。インドでは四十六％以上の子どもが栄養失調になっている。これはサハラ砂漠以南のアフリカ諸国より高い割合だ。また、生まれてから三歳までの推定七五〇〇万人の子どもが栄養不良で、避けうる多くの病気にかかったり発育障害になったりする割合が高まる根本原因になっている。テックスはこう説明した。インドはたしかに多くの進歩を遂げている。しかし、栄養失調が今なお広がっていることは、この国の経済成長と発展にとって大きな障害になっている、と。

テックスはこの問題を詳しく調べ、原因はすべての関係者の間でシステム上の断絶が起きていることだという結論に達した。そして画期的な解決策を見つけたいと思い、そのためにはすべての関係者——政府、非政府組織、病院、研究機関、大学、村、母親——を巻き込むことが必要だと考えた。彼はラボのプロセスなら問題解決の道筋をつけられるのではと思った。フード・ラボでの経験について私が話したことをもとに、彼は、新しいシステムをつくるというのは「答え」を得るものではなく、信頼し合う関係者たちのたしかなネットワークを育てることであり、人々は、現在のシステムに対する共通の理解と新しいシステムをつくることへの深い献身とによって導かれる、と理解したのだった。

一カ月後、私はロッテルダムで、アントニーとユニリーバの幹部チーム、それにシニアマネジャーの多くに会った。それから十日の間ずっと、ユニリーバ経営陣の全面支援を受けて私たちはプロジェクトに取り組んだ。アントニーとテックスはこう言った。ユニリーバは、評判のよい系列会社を通じてインド政府と強力に結びついている。また、国連児童基金（ユニセフ）ともよい関係を築きつつあり、ユニセフのインドにおけるプログラムや国内委員会を通して、「イニシアチブ」の重要な地元支援者になってくれると思う、と。パートナーとして足りないのは、インドでゆるぎない評判を得ているNGO、子どもの栄養失調を減らそうと尽力している市民社会団体とつながっているNGOだった。最終的にそうしたパートナーになってくれたのは、シナゴス研究所である。インドと強力な関係を持つ、ニューヨークにある評判の高いNGOだった。

PCNはバヴィシュヤ（サンスクリット語で「未来」の意味）同盟をつくった。栄養失調になっているインドの子ども、とくに〇歳から三歳までの子どもの割合を二〇一五年までに半減させるべく、同国の企業、政府機関、市民社会団体が集まってできた過去に例を見ない連合である。同盟はまず、マハラシュトラ州に焦点を当て、一連の独創的な取り組みを実行した。二〇〇八年まで続けられた第一段階は、五つの農村地域とムンバイの一つの区が対象だった。このプロジェクトエリアに暮らす全住民は推定二二〇万人、うち栄養不良の子どもは四万人だった。

二〇〇九年に始まった第二段階では、推定一九〇〇万人が暮らす五つの農村地域と、ムンバイのより厳しい現実にさらされている七つの区が新たにプロジェクトエリアになった。この同盟は今ではインド以外の国々でも、とりわけ子どもの栄養失調の割合がなかなか低くならないアフリカで、小児栄養プロジェクトとしてほかにどんなことができるか検討し続けている。

三つ目の実証プロジェクトは、グレートプレーンズ北部（ノースダコタ、サウスダコタ、ネブラスカ、インディアナ、ミネソタの各州）で、五、六人の企業および地域社会のリーダーたちをノースダコタのジェリー・ネーゲルがリードして始められた。彼らは数カ月にわたって集まり、その地域が直面している本当の問題を特定した。そして、なんらかの方法を見つけて、システム的な根深い問題を解決しなければならないと思った。地方の若者が域外の都心へどんどん流出していること。容赦ない民族差別のせいで、アメリカ先住民族やラテンアメリカの住民がこの地域に対して、持てる力を存分に発揮できなくなっていること。知らず知らず忍び寄る貧困によって、家族がその日暮らしの生活を余儀なくされ、生き延びるには政府や州のプログラムに依存せざるを得なくなっていること。孤立と絶望が原因で、麻薬と暴力の問題が、とりわけ農村社会で深刻になっていること。ネーゲルたちは、次のような結論を導き出した。

もしこの地域が最大限の経済的、社会的、環境的、精神的な可能性を発揮できたら、小手先の古いやり方に頼って、そうした社会的関心事に対する解決策を探すことはなくなるだろう。システム戦略を練り直したり、メンタルモデルを考え直したりしても、もはや十分ではない。システム的な問題に対する解決策は、それよりはるかに深いところにあるのだ。われわれは、全体の意思や精神を高めて、信念や習慣を変えなければならない。そのためには、会話を共有し、心をひらき、これまで以上に深いレベルで考え創造性を発揮することが必要である。

二〇〇四年に、リーダーたちの連合は、Uプロセス・イノベーション・ラボを始めることを決定し、その目的を次のように宣言した。「グレートプレーンズ北部の経済的、社会的、環境的な未来を深く気にかける、熱心な新しいリーダーたちのチームをつくり、この地域においてシステム全体を長期にわたって変化させていく」。二十九人の参加者が選ばれチームが結成されたが、それは「この地域の社会システムの縮図《ミクロコスム》であり、農業、若者、教育、製造業、政府、金融、芸術、都市部および近郊地域、従来のエネルギーおよび代替エネルギー、地域社会活動家、移民層、教会、慈善家、輸送機関の各代表者が含まれていた」。チームメンバーは全員、二年にわたって丸三十日間をこのラボに捧げた。ラボのデザインの仕方は、「同盟」やほかの二つの実証プロジェクトに使われたものとそっくり同じだった。

ラボは二〇〇七年後半に終了し、最終的にメドーラーク協会が設立された。協会は、「システム的変化の生きた手本を提供し、また、そうした立証された例を通して、グレートプレーンズ北部はすべての人にとってチャンスとなる場所であるというビジョンを生み出す」ための新規事業支援センターだった。協会の基本理念は次のように謳われている。

協会の基本理念は次のとおりである。問題を解決して未来を築くために必要な資源は、すでに私たちの中にある。チャレンジとなるのは、個人的および集合的な知識や知性、英知、創造性、内なる勇気を活かしてともに取り組んでいくことである。

メドーラーク協会は、ニシマキバドリ（Western meadowlark）にちなんで名付けられた。「その楽しそうな歌声は元気を与えてくれると言われ、春の訪れを告げる鳥だと考えられている。また、希望や再生が連想されることも多い」

協会は今もその地域で活動を続けている。戦略的計画、リーダーシップの教育・開発、チーム作り、市民の社会参画を、グレートプレーンズ北部一帯の企業や市民団体や地域コミュニティに提供しているのである。

8　ピューマ

ピューマが現れたときには、何かするべき選択がある。

二〇〇六年七月末に、私はジェネロンの仲間たちとともに、グローバル・フィランソロフィスト・サークル（GPC）に参加するため、モンタナにある別荘へ向かっていた。ペギー・デュラニーとその父親デヴィッド・ロックフェラーが創設したGPCは、世界各地の有力な慈善家ファミリー・ネットワークであり、時間や影響力や資源を使って世界の貧困や社会的不公正と戦うことに力を注いでいる。

その年の春から夏にかけて、モンタナでは目を見はるような景色が望めた。私が三泊四日でソロ・キャンプをした場所でも、野生の花々が咲き乱れていた。そこは、ブラックビュート（山）の真下の、標高二九四〇メートルのところだった。澄んだ谷川がビュートのすぐ下の岩石層から流れ出し、その源流のまわりでは野生の花々が腰ほどの丈に伸びていた。

ペギーの話では、夏山には四十種類以上の花が咲き乱れるのだという。なんだか、すべてが私とともにある気がした。圧倒的だったのは、釣り鐘のようなフクシアだ――川のほとりに生い茂るように咲き誇っていた。そこかしこに、真ん中が色濃くなっている黄色い小花が咲いていた。とても小さくてデージーのような形をした花もあったが、よく見るとラベンダーだった。ブルーボネットに似た巨大な花を目にすると、子ども時代のある四月に両親が田舎へ連れていってくれて、ブルーボネット畑で転がって遊んだときのことが思い返された。それから、濃淡さまざまな緑色――私が「ネオン」グリーンと呼ぶものもあった――の苔も生えていて、それだけで見事な眺めをつくり出していた。もう一種類、白いごく小さな「クラスター（星団）デージー」（と私は呼んでいた）も咲いていた――本当に小さい花が十五輪か二十輪くらい集まって、それぞれ中央がちょこっと黄色になっている。これらの花はみな、まるでレースのような生い茂るシダに、そして多種多様な草――優雅な形をした、さまざまな色合いのグリーンの草――に囲まれていた。

私は、そうした花や植物に囲まれて小川のほとりに腰を下ろし、南東のウィンドリバー山脈――三二〇キロメートル以上も離れた、ワイオミング州にある山脈――を見やりながら日々を過ごした。振り向くと、十五メートルか二十メートルほど離れたところに、岩ばかりの場所があった。岩盤が滑り落ちたところである。岩盤は北西のほうへ急勾配にせり上がっている。その北西の面は、北へと伸びるビュートから何十年にもわたって落ちてきた岩でできている。

日が暮れる三十分ほど前に、私は突然、背後の、岩盤が滑り落ちたところへ歩きたいという衝動に駆られて立ち上がった。衝動に従ったものの、途中でこう思ったことを今でも覚えている。「なぜこんなことをしているんだろう。小川の流れる音が聞こえたり野生の花を眺めたりできるところこそ本当にいたい場所なのに。その場所を離れてなぜ私はあそこへ向かっているんだろう」。

衝動のままに崩れ落ちた岩をのぼっていくうち、正面にきわめて大きな平たい岩が現れた。おそらく、十メートルほど先だっただろう。岩の上で何かが動き、私はその場でぴたりと足を止めた。人間だろうか？　わからなかったので、私はシャツのポケットから眼鏡を手にとってかけた。とそのとき、そいつが起き上がった。なんと、ピューマだった！

立ちすくんで見ていると、ピューマが岩の上で立ち上がった。空を背景に、シルエットがくっきりと浮かび上がる。そのまま微動だにせず、まっすぐ私を見つめる。それから岩の上で体をひねり、まるで自分がどれほど美しく力強いかを見せつけるかのように、つま先を軸にして向きを変えた。それを二度繰り返してほぼ真後ろを向く間、私は身じろぎもできず、ピューマに目が釘付けになった。ピューマは完全に向きを変えると、もう一度まっすぐ私を、私の目を、じっと見つめた。それから不意に西を向き、大きくジャンプして岩を離れ、姿を消した。

ピューマが去るとすぐに、私は送受信兼用の無線機を使って、西へ――ピューマが向かったまさにその方向へ――半マイルほどのところでソロ・キャンプをしている三人のガイドたちと連絡を取った。しかしピューマなど見かけていないということだった。

私は心を落ち着けて、今まで立っていた岩の上に腰を下ろした。ピューマの存在感とその美しさに圧倒され、いつまでも動くことができなかった。今でも記憶に鮮やかなのは、ジャンプして岩を離れたときの姿だ。ピューマが十二メートル以上跳べることはあとになって知ったが、それほどの跳躍力があるというのは間違いないだろう。空を背景に弓なりにシルエットを描いて、軽々と、この上なく優雅に跳んだのだ。尾のことも私は決して忘れない。長さは体と同じくらいに思われ、みずからの存在を誇示していた。

私は小川や花のところへと戻りながら、今の経験について深く考えた。十分としないうちに、「わかったぞ、これだ」とひらめいた。私はシャツのポケットから小さなメモ帳を取り出してこう書いた。「Uプロセスの、もっと進んだ、より強力なモデルに焦点を当てよう。それが、今後何年もかけて取り組むべきことだ」

明くる日、みなと一緒に高地にあるベースキャンプへ戻ると、私は四年前に馬に乗って初めてブラックビュートに連れていってくれた二人のガイド、ティーニーとワンダと話をした。アメリカ先住民のワンダは、ピューマとの出会いについて明快な考えを持っていた。

「そうした出会いのことを、私たちはトーテム（自分たちと特別な結びつきのあるもの）だと考えます。私たちはときに一生をこの山々の中で暮らしますが、ピューマに会ったことは一度もありません――出会ったというのは神のたまものです。そこには重要な教訓があります。有効に使ってください」

一緒に来ていたブライアンが、ワンダの言わんとすることを理解し、読むべき本を何冊かアドバイスしてくれた。

そして私は知った。アメリカ先住民族のいにしえの物語や神話が、人間と動物の境界のない摩訶不思議な時代を描写していることを。いつどんなときも、神は動物霊の古代の英知を通して自然の中に現れる。動物たちは、私たちの友人や師や仲間になり、私たちの前に現れたり行動やしぐさや何か特徴のあることを繰り返したりして私たちに話しかけてくる。何を探すべきかがわかると、私たちはそうしたものを、高い英知やより鋭い認知のトーテムとして使うことができる。それらは私たちの心や魂の根源的な部分に触れ、長く眠っていた太古の心を目覚めさせるのだ。

ピューマは、西半球のネコ科の動物で最大級だという。すべての動物の中で一、二を争うスピードと力を持ってもいる。ワンダたちはこう言った。ピューマが人生に現れたら、力に集中すべきときが来たということだ、と。ピューマがトーテムとして現れたなら、試練のほとんどがすでに乗り越えられている、つまり、今こそ現状を脱することを宣言し、その覚悟を決めるべきときが来たということだ。ピューマが現れたときには、何かするべき選択がある。その選択はすばやく力強く行うこと、ただし穏やかに述べること。ピューマは自己効力感［ある課題に対して、自分はここまでできるという期待や自信］、すなわち自分の生きる環境を効果的に管理すること、それを心を込めて行うことを教えてくれるのだ。

9　厳しい教訓を学ぶ

どうすれば、現代の賢者や素晴らしい聖人を、
すなわち、「静寂」に心をひらきつつ、
圧倒的なパワーを持つイニシアチブを革新できる人々を、
この世界にあふれさせることができるのか。
——ロバート・ラビン

ピューマに遭遇したのち、私はバハでの経験以降に起きたあらゆること、とりわけグローバル・リーダーシップ・イニシアチブの設立と実証プロジェクトを振り返って、深く真剣に考えるようになった。そして二つの核となる教訓を得た。一つは、ひらめきの力についてだった。バハのあの絶壁に立っていたときのように、強烈な予感めいたものがわき起こったときは、それに従うこと。考え込むのではなく、心をひらき、ジョージ・バーナード・ショーが言ったように、「自然の力」として自分を使ってもらうこと。もう一つは、これは何より重要だが、ファシリテーターを意識的に育てることが最優先である、ということだった。

この不可欠な要素について、私はいっそう神経をとがらせるようになった。数年にわたる実証プロジェクトに緊密に連携して取り組んだジェネロンの同僚、ズェイド・ハッサン宛てのメモを読んだためである。書いたのは、ズェイドの知人で、自己啓発や自己認識の第一人者、ロバート・ラビンだった。

> 「プレゼンシング［プレゼンス（存在）とセンシング（感じる）を合成した言葉で、自己の最も深い源泉（ソース）とつながること］」の段階が終わったのちも絶えず「プレゼンシング」し続けるという問題を、あなたがたが解決したことは知っている。また、グローバル・リーダーシップ・チェンジ・ラボであなたがたが「静寂」を大切にしていることも素晴らしいと思う。しかしながら、これから起きうることについて説明しているのだろうか。センゲたちは著書の中でこの点を指摘していないけれども、Uの底には、非存在へとつながるウサギの巣穴のような小さな出入り口があるのだ。その出入り口をくぐり抜けて非存在のそばに連れていかれたら、存在がいずれ効果を発揮し始めるときにUの右上がりのカーブが理論どおり働くことを確信できなくなってしまう。非存在というウサギの巣穴に落ちると、存在の性質が変わる。意思の性質も変わる。話すことの性質も変わる。私たちは「屈すること」や「引き渡すこと」といった言葉へ行き着いてしまう。時間と時間を超えたもの、努力と恩恵、行動することと行動しないことの――明確な二元性を超えて生きることと、私たちの考えのうわべのゆらぎなさとの――交差するところに来てしまうのだ。……こうしたことが、あなたがたのラボでは話され、実証されるのだろうか。あなたがたのファシリテーターたちには、シンプルなが

ら真実であるこうしたことを——有史以来、魂を熱くさせ、動物のためではなく愛のための箱船をつくる無限の力を呼び覚ましてきたこれらのことを、具体的に表現して伝える素質と人間性があるだろうか。

これはおそらく本当の話だと思うのだが……国が二つに割れて内戦状態にあったとき、カルカッタ（コルカタ）での暴動は本当にひどく、ガンジーは大変悲しく思った。そこでカルカッタへ行き、ある大邸宅のベランダ（一階部分にある屋根付きの縁側）を住まいとし、自分が死ぬか、でなければすべての暴力行為がおさまるまで断食をする、と宣言した。来る日も来る日も、側近の人々は暴動が減っていく様子を知らせては、食事をとるように勧めた。けれどもガンジーは断固としてとろうとしなかった。すでに老齢で衰弱もしていたが、心がゆらぐことはなかったのだった。彼の誓いについて噂が広まった。少しずつ、暴動はおさまっていった。数日後には、たまに起きる程度になった。側近たちが食事をとるよう勧めた。しかし返事はノーだった。すべての民衆が武器を捨てるまで断食を続ける、というのだった。ついに、完全に暴動がおさまった。人々はみな、憎しみを、不安を、武器を捨てた。暴動は終わった。まるでガンジーの信じがたい精神的な力が、ほかのすべての人々を、彼と同じレベルにまで引き上げたかのようだった。

グローバル・リーダーシップ・チェンジ・ラボは、そうした「伝説に残るような」リーダーを生み出せるだろうか——まさにその存在によって、人々を引き寄せ、現実的かつ効果的な方法で人々をよりレベルの高い自己へと引き上げるようなリーダーを。あなたがたの草案に「欠けている」要素は、ファシリテーターの素質と人間性に関するものではないかと思う。たとえば、ルーミーやハーフィズらをカリキュラムに組み入れるといいかもしれない。先述したようなケーススタディはどうだろう。ただし、そのモデルやプロセスに使われるのではなく、それらを使うのだという点に注意してほしい。どうすれば、現代の賢者や素晴らしい聖人を、すなわち「静寂」に心をひらきつつ、圧倒的なパワーを持つイニシアチブを革新できる人々を、この世界にあふれさせることができるのか。これから現れるリーダーたちはどうやって存在と非存在に同時に対応するのか。これからのリーダーはそうしたプロセスのまさに体現者であるべきだと思う――ベランダにいたガンジーとおよそ同じように。

――ロバート・ラビン

ラビンは、それからの数年間に私が生命エネルギーをどのように集中させるかを決める、核心的な問題を提起していた。それはつまり、ブライアンの言う「より深い知の場所」へ行き着けるほどに成熟した人材を育成することだった。

ジェネロンの共同設立者の一人、ビル・オブライエンはよくこう言っていた。「介入［クライアントを支援する「積極的働きかけ」を意味する組織開発の用語］が成功するかどうかは、介入者の心の状態次第だ」。この頃には、Uプロセスに関する実験から多くの本や論文やワークショップが生まれていた。UプロセスとU理論に対してはもちろん、Uプロセスが素晴らしい結果を生み出せるようにするものに対しても、ずっと関心が寄せられ続けていた。しかし私は、オブライエンの勧告に私たちが十分な注意が払えていないことを確信するようになった。

二〇〇〇年から二〇〇七年に至るまで、私はなんとなく釈然としない気持ちが消えずにいた。U理論について本や論文でどれほど多くのページを割いて説明しようと、とりわけ「Uの底」で起きていることについて述べようとしているときには、何か重要なものが欠けている気がしてならなかったのだ。ときには、適切な説明に近づくこともあったが、私たちは起きていることを述べるのにやたら分析しすぎるといういつもの方法に戻ってしまった。ちょうどその頃『出現する未来』が出版になったが、その中で「転換」について仲間とともに書きながら、私はこう考え続けていた。「これほどまでに根本的なことは、きわめて重要だ。われわれは、人々がどうすればUの底でその力に近づき、使えるようになるかを理解する必要がある」

この確信は、三つの実証プロジェクトの成功パターンによって、強められた。私たちはどのプロジェクトに対しても「学習履歴《ラーニング・ヒストリー》」を書き記すように依頼した。これらの学習履歴にはそれぞれのプロジェクトが生み出した目を見はるような結果が示されたが、フード・ラボとメドーラークがPCN（小児栄養パートナーシップ）より素晴らしい成功を収めていたことは明らかだった。フード・ラボもPCNも、単に規模や複雑さの意味ではどちらも「月探査ロケット打ち上げ」並みの質を持っていたが、フード・ラボが私たちの最も高い期待に応えたのに対し、PCNは違ったのである。学習履歴が示す結果は明らかであり、私たち自身の判断も明快だった。私たちは、PCNに注ぎうるより多くの時間と注意を、フード・ラボのファシリテーターやワークショップリーダーの養成に注いだのだった。

フード・ラボ・プロジェクトの主要な資金提供者は、ミシガン州バトルクリークのW・K・ケロッグ財団（世界でも最大クラスの私立財団）だった。資金援助を依頼すべく財団の幹部にプレゼンをする前夜のこと、私たちはケロッグの農業プログラムの責任者、オラン・ヘスターマンとその妻リンダの家に、ディナーに招待された。上級副社長、すなわち巨額の支援金を承認する責任を主として負う取締役のメンバーも出席していた。

ディナーが始まってすぐにオランが尋ねたのは、フード・ラボに対する私たちのアプローチのさまざまな特徴のことだった。つまり、ラボがなぜ集合的なイノベーションや問題解決のための強力なツールになったのか、という点だった。どういうわけか私は、よくある控えめな答えを言う代わりに、ブライアンとの出会いのことや、彼が「より深い知の場所」へたどり着く準備を整えるために香港で道教の師とともにした修行のことを話し始めた。戸惑わせてしまうものと思ったが、オランもリンダも、ブライアンが述べたことについても、私たちがラボに盛り込んだものについても、完璧に理解している様子だった。

あとでわかったことだが、オランとリンダはこの分野——観想的な修行（瞑想、ヨガ、気功、自然のプロセスに直接触れること）をして自己実現への規律ある道を歩むことによって、個人あるいは集団が突然のひらめきを得られるようになること——について長年学んでいたのだった。

その夜、そうした問題について、きわめて深遠なダイアローグが、オランの家で七時間以上にわたって行われた。実は、翌朝のプレゼンは形式的なものにすぎなかったのだ。資金を提供するかどうかの決定は、前夜のディナーの間になされていたのだった。ケロッグはプロジェクトの間ずっと、最も重要な資金提供者としてユニリーバの取り組みに加わった。オランは積極的な支援者として参加し、ほかの主要な資金提供者や賛同者を集めて、フード・ラボの立ち上げ段階の成功をたしかなものにしてくれた。

フード・ラボの初期のセッションの一つは、数日にわたるイノベーション・レトリート［大きな構想を練ったり、多様なメンバーと議論したりする場合、あえて自然の豊かなところで実施される会合］だった。ブライアンの「一歩下がって熟考する――より深い知の場所へ行く」に対応するために、「同盟」プロジェクトで私たちが使ったセッションに似たものである。参加したのは、三十ほどの設立メンバーの代表者たちだった。すなわち、このシステム全体の縮図を表す、多部門から成るグループである。言ってみれば、「システム全体を一つの部屋に集めた」ような感じだった。

このレトリートはアリゾナのサンタリタ山脈のふもとで行われた。一緒に進行を務めてくれたのは、ジェネロンのレトリート責任者でもあるスーザンだった。ブライアンや、ジェネロンのほかのメンバーも参加していた。スーザンは、その三年前からジョン・ミルトンと親しくしていた。ジョンは私にこう話していた。気づきのトレーニングの初日に、スーザンには高度な気づきのトレーニングを提供することになると直観した、と。スーザンは数年にわたって個人的に修行を積み、自己鍛錬して、通常の知に代わる多様な知の力を磨いていた。そのため、スーザンとブライアンの二人が、レトリートを含め、ラボの当初のさまざまな要素についてのデザインと実施に深くかかわってくれたことで、ラボのコアチームは、プロジェクトの素晴らしい成功に不可欠な基本的なトレーニングを受けることになった。そしてレトリートでのチームの経験が、ラボ全体の雰囲気を決定づけた。

レトリートの間、チームは大自然の中で二日にわたるソロ・キャンプを経験した。メンバー一人ひとりのテントは、八〇〇メートルほど離してばらばらに張られた。キャンプの終わりに、メンバーは輪になって集まり、互いの経験を話した——ちょうど、ラボのレトリートをデザインするときに私たちがいつもそうしているように。円を描くように順に一人ずつ話していくうちに、二人がキャンプでまさに同じ夢を見ていたことがわかった。それは、メンバーが互いに深く結びついていることを、目の前の問題を解決することに「一つの知性」として集中して取り組めることを、示すものだった。

その経験について、オランはのちに学習履歴の作成者にこう語った。「きわめて多様な人々を、互いと、そしてここに集《つど》った目的とあんなにも深く結びつけるプロセスは見たことがありません」

10　オランダでの出会い

Uプロセスを使っている間に創造的な発見をするには、ファシリテーターの役割と「そのファシリテーターの意識の状態」がきわめて重要である。

二〇〇七年十一月、オランダでひらいた上級クラスで、ある参加者ときわめて印象的な出会いがあった。サロン開催後に起きたすべてのことから学んだその核心部分をやがて裏付けてくれることになる、そして私の取り組みが前進していることを知らせてくれる、そんな出会いだった。私はベティー・スー・フラワーズとともに、アムステルダム近くにあるナイエンローデ大学でワークショップを行っていた。終了後、多くの参加者が私たちと話をしに集まってきて、私はバハでの経験についてある参加者と会話を始めた。そのとき突然、失礼と言いながら、若い女性が割って入ってきて尋ねた。「ベルナード・リーヴァフッドと、彼が使っているUメソドロジーのことをお聞きになったことはありますか」

驚いて、私は答えた。「いえ――でも何かつながりを感じます」。そのとき、空港へ行くタクシーが待っているとベティー・スーが言ったので、私は急いで女性の名前――アンネミエク・コルテ――と電子メールアドレスを書き留めた。

その翌年、私たちは電子メールでやりとりした。アンネミエクは、本を出したいと思って原稿を書いているところだと言った。深刻なトラウマや発達障害、あるいは知的障害を持つ子どものために、本当の癒やしとなる環境をつくるのに不可欠な組織についての本である。『シンクロニシティ』と『出現する未来』を読み、原稿を書き上げる励みにしたいと、引き寄せられるようにワークショップに参加したのだという。彼女はゾンネハイゼンで働いていた。先述のような問題を抱える子どものための、高い評価を得ている特殊専門学校である。設立したのはベルナード・リーヴァフッド。優れた医師であり、作家、教育者、産業心理学者でもあった。

リーヴァフッドは、ゾンネハイゼンの責任者を、設立当初から一九五四年まで務めた。同年、組織開発の研究所であるオランダ教育学研究所（NPI）を創設すると、その後十七年間、所長を務め、それが彼のライフワークになった。

NPIの「Uの流れ」が持つ主な特徴で、私たちがブライアン・アーサーの洞察をもとに発展させたU理論と似ているのは、Uというその文字だった。オットーがゼロックスPARCの駐車場で初めてU字を描いたとき、私はすぐさま気がついた。下へ向かう動きはまさしく勇気を表している。「より深い知の場所」へ行き着こうとし、それに基づいて行動するのに必要な、意志があればこそできる行為を示している、と。私たちはUという文字を使って、七つの注目すべき状況や行動を持つ一つのプロセスを思い描き、モデルをつくったのである。

ヨーロッパ版のUの流れについて聞いたことがなかったのは、それがヨーロッパでは「NPIメソッド」として知られていたからでもあった。そしてそのために、考え出したのはリーヴァフッドだとアンネミエクは思ったのだった。実のところは、Uメソドロジーを開発したのはフリードリッヒ・グラスルとダーク・レムソンであり、一九六九年にNPI内向けの論文で初めて発表された。

ヨーロッパ版の「U」があることを知ったのは興味深かったけれども、アンネミエクとの出会いでもっと意味があったのは、グラスルの、そしてリーヴァフッドのほかの仕事を知ることができたことだった。リーヴァフッドは三十冊以上のベストセラーを世に出し、最後の作品は一九九二年にこの世を去る十日前に書き上げた。作品の多くは、人間が自分の全能力を解き放つべく内なる旅をする姿を掘り下げるものである。

『境域に立つ』（涼風書店）では、リーヴァフッドは人間が根本的な意識の変化を経験しつつあることを描いている。何世紀にもわたって意識を取り巻いてきた知覚された境界はもはや固定しておらず、本書でこれから述べるとおり、現実を伝えるのは物質世界だけではもはやなくなっているのだ。『発達段階』（*Phases*）では、青年期から老年期までに人間が経験する出来事――およそすべての人に共通する出来事――が描かれている。神話学者ジョーゼフ・キャンベルが述べた英雄の物語にあるのと同様、バックグラウンドがどうであれ、誰もが外面、内面を問わずいくつもの重要な段階を経験するのである。

『発展する組織』（*The Developing Organization*）では、グラスルとリーヴァフッドは組織開発の四つの段階（開拓、分化、統合、結合）について述べ、それらを人間の意識の進化になぞらえている。また、グラスルはのちに、『未来の企業』（*The Enterprise of the Future*）を出版した（どちらの著書においても、二人は「Uの流れ」を自己診断と自己発見と計画立案のメソドロジーとして述べている）。

アンネミエクとの会話と電子メールでのやりとりによって、Uプロセスを使っている間に創造的な発見をするには、ファシリテーターの役割と「そのファシリテーターの意識の状態」がきわめて重要だという確信がますます強くなった。また、実証プロジェクトを行っているときには、私はしばしば、人々を隔てる壁が消えたり、人々が各自の能力以上の創造性を生み出したりするのを見た。

そうした現象は、早くはフード・ラボのイノベーション・レトリートの間に見られた。逆に、壁が消えなかったプロジェクトやプロセスもあった。私はUの底で起きる「謎」をもっと深く調べようと思った――ラビンが、「Uの底にある、非存在へとつながるウサギの巣穴のような小さな出入り口」や「魂を熱くさせる」ことと表現していたものについて、もっと正確にかつ理論的に理解するために。するとリーダーたちは「動物のためではなく愛のための箱船をつくる」無限の力を活用できるようになるのだ。

11

第四段階のリーダーたち

しかしながら、近ごろの山積する課題に対しては、
サーバント・リーダーシップだけではもはや十分ではなくなっている。

オランダでアンネミエクと話をしてほどなく、私はテックスとともにニューヨーク市で数日間行われる会議に臨んだ。会議が終わると、人材開発と組織変革の専門家である知人を交えて、半日ほど一緒に過ごさないかと、テックスに誘われた。話題は、リーヴァフッドとグラスルが一九六〇年代はじめに書いたもの――発展していく組織の四つの段階を表し、それらを人間の意識の進化になぞられたもの――と同様の発達モデルのことに終始した。その日テックスが、世界的なベストセラー『愛すること、生きること』（創元社）を書いた知人のM・スコット・ペックのことに触れた。それがきっかけで、私はペックの著作を読み返すことになった。

一九八〇年代後半に、ペックは『異なるドラム』（*The Different Drum*）を出版した。執筆していた十年あまりの間、ペックはカズの師となり、地域社会の成長モデルを紹介した（のちにカズはそのモデルを私に紹介してくれた）。リーヴァフッドとグラスルと同様ペックは、人間の成長には四つ

の漸進的な段階があり、個人であれ組織であれ経験されるものであること、また文化や地理的な境界に関係なく存在するものであることを確認した。

テックスに会ってから一週間して、私はカズの学位論文と、加えてカズがトランスパーソナル心理学［マズローらの人間性心理学の概念を発展させ、人間の根源的存在根拠を追究するもの］研究所の創設者ロバート・フレイジャーとともに発表した論文も研究し始めた。この論文は、ペックの言う人間の成長の四段階を、組織のリーダーの観点から述べたものであり、そこにはカズと私が一九九〇年代に複雑な組織変革にともに取り組んで得た洞察が用いられていた。

こうしたアイデアや経験をはじめ、それ以前のアメリカン・リーダーシップ・フォーラムに関する取り組みも活かして、カズと私はペックが述べた精神的成長の段階を、組織のリーダーの成長過程を示す四つの段階へと進化させた。もちろん、各段階の間にはさらにさまざまな段階がある。また、高い能力を持つ人でさえ、あとの段階になればなるほど、二つの段階の間を行ったり来たりすることが少なくない。

［第一段階］自分が中心になるリーダー

これは若者に顕著で、大人でも二十パーセントくらいの人が当てはまる、精神的に未熟な段階である。この段階の人は一般に、メンバーを大切にすることができない。大切にしているように見える（当人は大切にしているつもり）かもしれないが、仲間に対する彼らの関係は本質的にどれも、ごまかしたり自分勝手だったりといったものだ。信念がなく、自分の意思のほかにはおよそ何にも左右されない。しかもその意思とは、そのときそのときで変わる可能性があるため、彼らのあり方には誠実さが欠けている。中には、有利かどうかや自分自身の野心を第一に行動し、結果として高い名声や権力を持つ地位に就く人もいるかもしれない。また、時折ではあるが、次の第二段階へ前進する人もいる。

[第二段階] 一定の水準に達しつつあるリーダー

この段階のリーダーは、メンバーを大切にする程度にまで成熟している。その帰属意識は家族、同僚、組織、宗教グループ、国家を含む場合もある。この段階にあるリーダーにとっては、安定性が大きな価値を持つ。宗教や組織の既存のルールを守ろうとし、もし誰かがそうしたルールに従わずに行動していると思われたら、不安や脅威を感じてしまうかもしれない。彼らは、公正さと礼儀とメンバーに対する敬意を何より大切にする。他のメンバーを心から大切にするため、必ず組織の目標を達成する。その成功は、みずからを律していることの表れなのだ。第二段階も後半になると、組織に対する権力や影響力が増し、それとともにメンバーをしっかり成長させるようになる。この段階に至ると、その成功はメンバーとともに、そしてメンバーを通して成し遂げられるようになるのである。

[第三段階] サーバント・リーダー

この段階のリーダーには、帰属意識の範囲をいっそう広げて、人種やジェンダーや階級、宗教上の信条がどうあれ、あらゆる人を受け容れる、という特徴がある。第三段階のリーダーは常に、自分の権力や影響力を使って、メンバーの役に立ったりメンバーを成長させたりする。ロバート・グリーンリーフの言葉を借りるなら、そういうリーダーの周りにいる人たちは、より健全で聡明になり、自主性を持ち、他に依存しなくなる――そしてサーバント・リーダーになる可能性が高くなる。こうしたリーダーたちは必ず、組織の重要な資産を持つ最高のチームや組織全体を任せられるようになる。また、この成長段階になると、凝り固まった信念体系を疑問視し、慣習的な規則や役割にとらわれなくなる。

この段階のリーダーは、「強い達成欲求」を示すが、組織のメンバーや社会の誰かを犠牲にすることはない。また、独立への欲求が強く、習慣に従わなければという気持ちはあまりない。さらには、適切にリスクをとろうとする傾向が強く、自己効力感が高く、曖昧さに対して寛容である。そのため、複雑で混乱した時代にあっても成功を収めることができる。世界をシステムとしてとらえるようにもなる。この段階の中でもさらにレベルが上がると、生きとし生けるものと相互に結びついていることを強く意識できるようになる。組織においては、個人や組織が機能するもっと大きな社会システムに対する理解と責任感を育んでいく。

しかしながら、近ごろの山積する課題に対しては、サーバント・リーダーシップだけではもはや十分ではなくなっている。現代の組織は、さらに進化した世代の「新生のリーダー」すなわち「第四段階のリーダー」によって導かれる必要がある。

［第四段階］ 新生のリーダー

第四段階のリーダーは、サーバント・リーダーの特徴と価値観を併せ持っているが、全体的なレベルが一段上がっている。そして目を見はるような働きをし、業績を上げる。そうした業績の中心には暗黙知を使う力があるが、この暗黙知を活かすと、私たちが望む組織や社会を思い描いて創り出すことを含め、画期的な考えや、戦略策定や、業務上の卓越性《オペレーショナル・エクセレンス》や、イノベーションを行うことが可能になるのだ。

第四段階のリーダーは、宇宙には目に見えない知性があって、私たちを導き、創り出すべき未来に対して準備させてくれると確信している。彼らは、周囲の世界についての認知理解を、宇宙に眠る隠れた可能性に対する強く深遠な知識に――今ある世界を変える力を持つ考え方に――結びつけるのである。

12　ふたたび、バハへ

素晴らしい発明や大発見はたいてい、
〈万物の源〉と真に一体になることによってなされてきたのです。
――ジョン・ミルトン

初めてバハ・カリフォルニアへ行き、その後グローバル・リーダーシップ・イニシアチブを設立してからずっと、私は折に触れてジョン・ミルトンと連絡を取っていた。ある朝の電話で、私は言った。どうすれば人々が思いどおりに、ブライアンの言う「より深い知の場所」とつながれるようになるのか、ぜひもっと詳しく知りたいのです、と。

「また本を書くとすれば」と私は言った。「個人としての、また集団としての人間の素晴らしい能力をテーマにします。とりわけ、高いレベルに進化したリーダーは、新たな現実をしっかりと感じて実現できるようになる、ということに焦点をあてます。宇宙に秘められた可能性を実現するこの力には、今ある世界を変えるパワーがあるのです」

ジョンは、もう一度バハへ行って、大自然の中でソロ・キャンプをすることを提案した。それによって、人生の次のステップへ進むための、取り組もうとしている探究のための、洞察とひらめきを得るように、と。

最初の四日間にわたる気づきのトレーニングの終わりに、ジョンはソロ・キャンプをする場所を選ぶよう参加者たちに指示をした。いつものように、海岸線を示す小さな地図を描く。それから、その地図上で一ヵ所だけ遠く離れている場所を示して言った。「ここは本当に冒険が好きな人のための場所です」

衝動的に、私は答えた。「オーケー、そこにします」

翌日、キャンプ地へ向かいながら、私はあまりに考えなしにその選択をしてしまったのではないかと思い始めた。ジョンはひとこと、「あなたたなら大丈夫でしょう」と言ってくれた。それでも私は半信半疑だった。しかしもはや引き返すことはできなかった。

午後の遅い時間にまっすぐキャンプ地へ向かっていると、ジョンに注意するよう言われていたものが目に飛び込んできた。海上に突き出た大きな岩々が、どこまでも続いている。それを登って越えなければならなかったのだ。進むには、波がうなりをあげながら岩の上に打ちつける、すぐ隣を行くほかない。三十キログラム近い荷物を背負っているので、波をかぶって海のほうへよろけないようルートを選ばなければならなかった。その上、延々と続くその岩山を、私は登ったり降りたり、三度越える羽目になった――最初は荷物を背負って。二度目は起点に置いた二十リットル入りの水の缶を取りに戻るために。三度目はその水を持ってふたたびキャンプ地へ。毎回、端から端まで、その距離はおよそ十キロメートルだった。

今回もソロ・キャンプそのものは穏やかで意義深いものだった。ただ、何事も起きなかった。あの二頭のクジラのおかげでできた人生観ががらりと変わるような経験をもう一度得られないのを、私は少し残念に思った。しかしジョンは気づきのトレーニングの最後にこの点を強調していた。大自然の中での「旅」にはどれもリズムがある、と。その経験はむしろ、成分を徐々に出す薬に近く、学ぶべきことは時が経つにつれて——何週間も、何カ月も、あるいは何年も経つ中で——明らかになるようだった。

気づきのトレーニングの最後の日に、ジョンは私がしている探究について短く意見を述べた。「〈大いなる神秘《グレート・ミステリー》〉は根元的な実在であり、そこからあなた自身を含めたあらゆるものが現れます。原初から存在し、形を持ちませんが、あらゆるものを生み出し、保持します。無限で、どのような尺度も言葉も超えています。そのため、私はそれを〈大いなる神秘〉と呼んでいます」

こうも言った。「道教の信者たちはそれを〈万物の源〉と呼んでいます。〈万物の源〉に近づけば近づくほど、シンクロして起きることが増えていきます。〈万物の源〉に近づくと、とてつもない創造性も生まれます。素晴らしい発明や大発見はたいてい、〈万物の源〉と真に一体になることによってなされてきたのです」

ジョンは、さらに高度な気づきのトレーニングを行うために源泉《ソース》についていっそう深く追求する講義を用意していると言い、私たちにそうした目標に向かって努力を始めるよう促した。彼がちょっと言葉を切ると、私は尋ねた。「ジョン、神と源泉《ソース》はどう違うのでしょうか」

ジョンはほんの一瞬考えた。それから、ごく淡い笑みを浮かべて答えた。「ジョセフ、その二つの違いは紙一重です。もっと先になったら話しましょう」。そう言うと、みんなのほうを向いて、講義の続きを始めた。

❖

明くる日、私は家に帰ると、知識創造についての最新の研究と、そのテーマをめぐるチベット仏教の師と道教の師の教えの関係について詳細に調べた。

二週間後、あるダイアローグの開催を知らせる招待状を受け取った。それは、私の探究にとって完璧な手段を提供してくれる会議だった。

13 パーリへの旅

われわれにとって最も近くにある実在は、明確に言い表すことができない。
――デヴィッド・ボーム

招待状をくれたのはF・デヴィッド・ピートだった。著名な物理学者で著作もある、私が長く連絡を取り続けていた人である。デヴィッド・ボームとは二十年以上の間、友人であり仕事仲間でもあった。二人は共著で『科学、秩序、創造性』(*Science, Order and Creativity*)を世に出してもいる。デヴィッドの手紙には、「デヴィッド・ボームの遺産」に関する会議に私を招待すると書いてあった。二〇〇八年六月に、イタリアのパーリ――シエナの南に位置する、丘の上に立つ中世の村――にあるパーリ・センターで行われる会議だ。率直なディスカッションを促すために十五人ほどが丸テーブルを囲む形で行われ、物理学者や数学者による専門的な短いセッションから始められる。その後、ボームの仕事が社会全体にとってどんな意味を持つかについてオープンに議論するのだという。出席者のリストには、ボームの協力者やかつての教え子らが名を連ねていたが、その多くが物理学に対するボームのアプローチについて論文や本を書いていた。

出席すると、即答はできなかった。ボームに初めて会ったのは、一九八〇年夏の月曜の朝だった。その前の金曜日に、私は設立を手伝い、二十年勤めた法律事務所を辞めた――六年間抱き続けた夢を、リーダーシップについて考えるための新たな場をアメリカにつくるという夢を追うために。アメリカン・リーダーシップ・フォーラムは、サーバント・リーダーをめざすリーダーに、進化を促す道を示すことを目的とするものだった。『サンデータイムズ』のトップ記事でボームの新著『全体性と内蔵秩序』（青土社）について読んだのち、私は迷わず衝動に従い、受話器を取った。何人かにかけてボームの家の番号を突きとめ、ほどなくボーム本人と話をすることができた。

私は胸の内を打ち明け、自分に関する一切と、ぜひ会いたい旨を話した。およそ間髪を容れず、ボームは翌日の午後に会おうと言ってくれた。私は四時間にわたって彼と話をし、会話を録音した。このとき話してくれたことは、フォーラムのカリキュラムの基本的な要素として活かされ、さらには私にとって人生で最も重要な日々の一日であったと気づくことになる。その日学んだことによって、私の世界観は永遠に変わり、その後のすべてのことが引き起こされたのだった。

ボームに会ったのち、私はフォーラム設立のためにヒューストンへ移った。それから二、三カ月して、私との会話はとても楽しかった、近いうちにまた会ってダイアローグをしたいという手書きの手紙がボームから届いた。翌日、返事は出したものの、フォーラムの設立と運営に忙殺され、私はその後長らくロンドンに戻って彼に会うことができなかった。ようやく戻って電話したが、そのときには彼は私に会えないほど具合が悪く、その翌年この世を去ってしまった。

この経験を、私は一代の不覚だと思っている。以来ずっと悔やんできたのだ。そのことは『シンクロニシティ』の中で取り上げ、「過剰な活動という罠」が、私が十分に進歩するのを妨げるいつものパターンになっていることについて書いた。私は、こんな過ちは二度と繰り返すまいと、固く心に誓った。要らないものを生活から「取り除く」努力をし、最も都合の悪いときに現れるチャンスや幸運のためのゆとりをつくっておこう、と。

デヴィッド・ピートからの案内状を読んだとき、刑の執行を猶予されたように思った――過去の過ちを多少なりとも正す機会を得たのだ、と。デヴィッドの招きに応じたその日、私は画期的な出来事につきものの期待と興奮を覚えた。いや実際、私は二つの重要な贈り物を得て、パーリでの会議を終えることになる。一つは、宇宙の本質についてボームが教えてくれたことが、はるかに深く理解できるようになったこと。もう一つは、現在世界で最も尊敬されている科学者の一人である、プリンストン大学工学部の学部長を紹介してもらったことだった。

これら二つの贈り物のおかげでいくつかの原理が明らかになり、それによって私は長年なんとかして理解しようと努力してきたことが完全にわかるようになった。ババ・カリフォルニアを二度目に離れるころまでには、発見、創造、再生、変革の源について概念は練り上げていたものの、まだ説明できずにいた。それができなくては、私の理解は完璧とはいえなかったのだった。

❖

パーリへは会議まで一週間の余裕を持って出発し、フィレンツェとパーリの間にあるコッレ・

ディ・ヴァル・デルザという小さな村のホテルへ向かった。ボームについて、初めて会って以来読んできた資料すべてをもう一度検討するためだった。書籍や論文や評論を読み直すと、ボームが仲間にどれほど尊敬されていたかということに気づかされる。彼は優れた物理学者として、意識の探究者として、二十世紀後半の最も独創的な思想家の一人として、さらには物理学をはじめ哲学、意識、心理学、言語学、教育に多大な貢献をした人として認められていた。アインシュタインは、近しい協力者にそして親友にするほど、ボームを高く評価していた。

ボームは、量子力学についての従来の解釈は、その問題が不確定性と関連しているために、不十分だと思うようになった。量子力学の理論を覆す大胆な一歩として、ボームは「内蔵秩序」を提唱した。それは、議論の嵐を引き起こしたものの、おかげで現実や存在の本質についてはるかに洞察に満ちた理論がなされるようになったと言えるだろう。

会議の前日、私はコッレ・ディ・ヴァル・デルザから南へ車を走らせ、パーリへ向かった。パーリの村は一二五〇年の地図に描かれている姿となんら変わりなく、一帯を鬱蒼とした森に、村により近いあたりはオリーブ畑やぶどう園に囲まれている。あとで知ったところによれば、森にはイノシシやシカやキジが数多く生息し、パーリの人々は村を囲む土地で昔ながらの農法によって果物や野菜を育てているのだという。そのこぢんまりとした中世の村に暮らすのはわずか二〇〇人。小さなホテルと食料品店、雑貨屋、郵便局、美容院、それに伝統的なトスカーナ料理を出すレストランが、それぞれ一軒ずつ営業していた。

私は小さなホテルにチェックインすると、会議室のある村のいちばん高いところへ歩いていった。もともとの建物は城だったのだという。そこから望む景色は雄大だった。森を、オリーブ畑を、ぶどう園を、何マイルにもわたって見渡すことができるのだ。のどかだった——そして静かだった。私はそこにあるエネルギー場を感じながら、誰もいない会議室へ入っていった。長い会議用テーブルと、フリップチャート、それに台の上には大きな黒板が備えられている。二面の窓が部屋に光をさんさんと注ぎ込み、片方の窓からは小さな公園が見えた。

デヴィッド・ピートは、パーリ・センター・フォー・ニューラーニングを、妻のモーリーン・ドゥーランと、セッテ・コリ（七つの丘）協会と、チヴィテッラ・パガーニコ（自治体の一つ《コムーネ》）とともに創ったのだという。センターはもっぱら教育、学習、研究に関することに使われ、また、科学と芸術、倫理学、精神性《スピリチュアリティ》を結びつける多分野にわたるアプローチを促している。考え方もアプローチも、デヴィッド自身が提唱する「調和的な行動《ジェントル・アクション》［一人ひとりが世界の一部分である認識と責任を持つという、調和的な考え方や行動］」のそれだ。デヴィッドはこう言った。センターはなにより、「場所が持つ精神」——野中郁次郎が「場」と呼ぶもの——を重視している、と。急な階段を降り、ディナーの席が設けられている村の中心へ向かいながら、私はそうした飾り気のない、穏やかで美しい環境の中で、ボームとともに仕事をした人やボームの研究者と会う機会を得たことに、深く感謝していた。

ディナーは七時から協会の会議室でひらかれることになっていた。細長い部屋で、テーブルも部屋とほぼ同じ長さがある。近づいていくと、モーリーンとエレノア（デヴィッドとモーリーンの娘）が地元の女性らしき人たちを含めみんなに手伝ってもらいながら、すでに食事をテーブルに並べ始めているのが見えた。

部屋の外で若い男性に会い、タヒル・ゴゼルという名だと自己紹介された。その名前には覚えがあった。私たちの旅費、食費、宿泊費のすべてを含め、今回の会議全般にわたって支援してくれた人として案内状に名前が載っていたからである。タヒルはアゼルバイジャンの首都バクーの出身の、大変な成功を収めている実業家で、慈善家でもある。組織学習協会（SoL）のメンバーで、のちに話してくれたとおり、何年も前に『シンクロニシティ』を読んでボームのことを知り、長く彼について研究をしていた。タヒルはトルコ出身の若い友人二人と一緒だったが、彼らはSoLトルコのメンバーで、議事録をまとめてくれることになっていた。

タヒルが私をデヴィッドとモーリーンとエレノアに紹介し、次いでデヴィッドが私をほかの人たち全員に紹介してくれた。はじめは圧倒されそうだった。何かで読んで深い称賛や尊敬の念を抱いている人たちに、一度にたくさん会うことになったからである。それだけの人数について頭に入れるのは大変だった。私は、テキサス大学で友愛会の「新入会員」になった最初の日に、メンバー全員といっぺんに会ったときの気持ちをちょっと思い出した。

ボームの長年の共同研究者、バジル・ハイリーもいた。その名に私はすぐに気がついた。ボームに関して読んだすべての本に、繰り返しその名が出てきていたからである。会議の間に知ったとおり、バジルは一九六〇年代にロンドン大学バークベック校でボームの講義を受けていて、ボームとボームが主張するものすべてに献身的に尽くしていた。出席者たちの多くから、私は、ボームもバジルを大切に考えていたことを知った。それから数日間、私はバジルとデヴィッドとほとんどずっと一緒にいたが、二人とも、私がひっきりなしにする質問に辛抱強く答え、また、物理学者たちが交わす難しい会話を、私にわかるよう簡明に説明してくれた。

量子理論の先駆者、ヤキール・アハラノフも出席していた。チャップマン大学で教鞭を執る、イスラエル生まれの優秀な物理学者で、若い頃ボームに学んだ人でもあった。アハラノフとボームは、アハラノフ・ボーム効果（AB効果）として知られるようになるものを発見し、量子理論の本質的かつ全体的な性質を明らかにした。多くの物理学者が、アハラノフとボームの研究はノーベル賞に値すると考え、二人は最終選考に残っていると長年うわさされていた。しかし受賞することはなかった。正確に誰がその効果を発見したのかが曖昧だったためだった。

その夜、私はヘンリー・ボルトフトにも会った。ボームのかつての教え子で、一九六〇年代にはボームの弟子になっていたが、ライフワークとしては科学に対するゲーテのアプローチに力を注いでいる。私はゲーテの科学に対する考え方についての彼の包括的な著作を知っていたので、会えてとてもうれしく思った。またオットーがUプロセスにつながるリサーチの一環として彼に取材したことがあった。実を言えば、私たちは『出現する未来』の冒頭で、私たちの注意を観察し、保留し、転換することについてのボルトフトの見識を使っていた。ボルトフトは、実在の根底にある発生プロセスについての相互理解に注目することを「真の全体との出会い」と呼んでいた。

リー・ニコルも出席していた。ぴったり息の合ったグループは組織のたどる道に――ダイアローグが十分な人数で行われるなら、現在の文明のたどる道に――よい影響をもたらすが、そうしたグループに備わっている集合知の可能性とダイアローグの現象について、ボームと緊密に協力して研究をした人である。言うまでもないが、それがロンドンでボームが私にしてくれた助言の核心にあったものだった。そのため自然に私は、食事のときもセッションの合間にもリーと長い時間を過ごすことになった。

ロンドンのマーク・エドワーズにも会った。世界でも指折りの、広く作品を掲載されているエディトリアル写真家で、環境問題と第三社会と自然を専門に扱うフォトエージェンシーを立ち上げた人でもある。また、社会や地球という観点から見た思考とその現れについて述べた『変貌する意識』(*Changing Consciousnes*)を、ボームと共著で出版した。

多くの優れた物理学者や数学者が顔をそろえていたが、もう一人、私の旧友のアンドリュー・ストーンも出席していた。ブラックヒースのストーン卿であり、英国上院議員であり、マークス&スペンサーの元CEOであり、まさにそのときカイロ大学で宗教学部と理学部を設立しようとしていた人である。数年前にロンドンで出会い、彼の組織でのサーバント・リーダーとしての評判を耳にした。その性格ゆえだろう、私がディナーでタヒルの隣の席に着いたとき、キッチンから私の分の料理を運び、私の前に置き、ほかに何か要るものがないかどうか尋ねてくれたのは、ほかならぬアンドリューであった。

14

有限の世界、無限の世界、運命の状態

このエネルギー、すなわち魂はあらゆる生き物に注ぎ込んでおり、
それがなければどんな生命体もばらばらになって構成要素へと分解してしまう。
――デヴィッド・ボーム

翌朝、デヴィッドは会議のはじめにまず、一九八七年にボームが書いた短い原稿を読んだ。ボームのペンシルベニア州立大学のクラスメートで生涯の友人だった人の追悼式で読まれたものだが、のちに、バークベック校で行われたボーム自身の追悼式でも読まれることになった。

有限の世界とは、目で見たり、聞いたり、触れたり、思い出したり、述べたりできるすべてのもののことである。この世界は基本的に、目に見えるもの、すなわち触れることができるものだ。これに対し、無限の世界の本質は、曰く言いがたく、触れることができない。この性質は、「風、呼吸」という語源的意味を持つ spirit（魂）という言葉に示されている。これは、目には見えないが広がるエネルギーを意味し、有限の明らかな世界に影響を及ぼす。このエネルギー、

すなわち魂はあらゆる生き物に注ぎ込んでおり、それがなければどんな生命体もばらばらになって構成要素へと分解してしまう。生き物の中で本当に生きているものはこの魂のエネルギーであり、これは生まれることも死ぬこともないのだ。

読み終えると、デヴィッドは言葉を添えることなく立ち上がり、私たちはみな、読まれた原稿を静かに反芻《はんすう》した。その時間の厳かさは疑いようがなく、部屋にエネルギーが満ちているのがはっきりわかった。デヴィッドは原稿については何も言わず、ただバジル・ハイリーに、できればあなたからプレゼンテーションをお願いしたいと言った。

バジルはおよそ一時間、話をしながら、当時の黒板を使って数学の方程式を書いた。その書き方は、きわめて速く、しかし流れるようによどみなく、圧倒的で、私はすっかり引き込まれてしまった。物理学者がそんなふうに「話す」のを、私は初めて見た。そして、そういうプロセスと言葉が、その日もその次の日も、物理学者たちによって繰り返されたのだった。あるとき、アンドリューと目が合い、彼が言った。「数学というのは――その美しさというのは――、われわれには理解できない面もありますが、ある部分では完璧に理解できますね。言ってみれば、オペラをイタリア語で鑑賞するような感じです」

その日のもっとあとの時間に、ヤキールがチョークを使い、黒板で「オペラ」を演奏した。見事な演奏ぶりだった――内容は、私にはさっぱり理解できなかったけれども。しかし途中で、彼は「運命の状態」と大声で言い、しばし間を置き、それからまた黒板に続きを書き始めた。あとでデヴィッドが説明してくれた。ヤキールは、数学からダイナミックで生き生きとした時間を引き出す方法を示していたのだ、と。時間というのは過去へ進むことも可能だけれども、「運命の状態」と彼が呼ぶものによって引きつけられ、未来へと流れている。そのことを彼は示していたのである。これは驚くべき発言だった。なぜなら、まさにそのように、私は宇宙と、ひらきゆく未来とのダイナミクスを描いていたからである。それは、第四段階の組織の中心にある基本原理にぴったり合っており、その組織が大きな成功を収める理由の説明にもなる。そうした組織のひらきゆく未来は、ゆるぎない目的意識や意義によって動かされるのである。

すべての出席者の中で、ボームと最も長く、最も近くで仕事をしたのは、バジル・ハイリーだった。バジルはボームの助手だった。ボームが着想を得る。するとバジルが数学的な計算をする。数日後、バジルが計算をボームに示すと、ボームは直観によってすでに同じ結論へ達しているのだった。

人生後半の数十年をかけて、ボームは物理学の新たな秩序を模索した。ボームによれば、宇宙の基盤、すなわち本質は、素粒子ではなく純粋なプロセス――全体のよどみない動き――なのだという。ボームは固く信じていた。この新たな秩序の中では、「精神と物質は別々のものであり、精神は物質的宇宙に影響を及ぼすことはできない」という昔ながらの理解を変えることができる、と。全宇宙が複雑に結びついている――そういう関係である――こと、そしてそれが動かしがたい真実であることを、ボームは確信していた。あの日バジルが私に言ったとおりである。「全体性《ホールネス》は宇宙の中に組み込まれています――階層はありません。ボームの人生は、結果がどうあれ、この真実を探究することに捧げられたのです」

バジルとボームは、物理学における新たな秩序を探し求めた。そして、量子理論の非局所性という考えや、内蔵秩序、量子ポテンシャル、能動的情報《アクティブ・インフォメーション》という概念を展開した。

15 非局所性と内蔵秩序

内蔵秩序は実在を表すとは限りません。
それは一つの言語、内奥にある言語であり、言語においては、
一つの単語をある一つのものごとに結びつけるわけにはいかないのです。
それはむしろ音楽に近いと言えます。

——デヴィッド・ボーム

ボームとヤキールはイングランドのブリストル大学で、量子の世界が古典力学という古い物理学を超えることについて、斬新で重要な論証を行った。二人は、かなり離れたところにある物質でさえ量子過程に影響をもたらしうると主張した。それは物理学で「非局所性」、すなわちアハラノフ・ボーム効果（AB効果）として知られる考察であり、科学雑誌『ネイチャー』がノーベル賞に値すると評した研究だった。

一九五〇年代半ばに、ボームの学生の一人がこの過去の研究に偶然出会い、一九六四年に、今ではベルの定理として知られる説を打ち出した。これは八年後に、パリ大学の物理学者、アラン・

アスペにより、実験に基づいて確認された。カリフォルニア大学バークレー校の著名な物理学者ヘンリー・スタップは、一九七五年の政府支援の調査報告の中で、ベルの定理は「科学史上、最も深遠な発見だ」と述べた。事実上、それは世界が基本的に不可分であることを証明しているのである。

ボームがロンドンで話してくれたことをもとに、ベルの定理について私にできる範囲でごく簡単に説明してみよう。まず、相互作用する二粒子系の素粒子が二個あると想像してほしい。それらの素粒子を離れた場所に、たとえば一方をニューヨークに、もう一方をサンフランシスコに置いて、どちらか一方の回転を変化させると、もう一方の素粒子も同時にその回転を変化させるというのである。ボームはこう言った。「これは、離れているように見えるものの一体性《ワンネス》がシンプルな形で示されたものです」。彼はこうも言った。「私たちはみな、一つなのです」

ボームによれば、現代物理学は今では世界を一つのシステムとしてとらえているという。あらゆるものが、ほかのあらゆるものとつながっている。このつながりがどのように作用しているかは定かではないが、「非分離の分離［空間的に分離しても量子論的には分離していない状態（量子もつれ）、非局所性のこと］」があることは間違いない。そのように、われわれの宇宙はつくられている。「ベルの定理に暗に含まれる一体性は、人間も原子も同様に包み込む」のである。

こうして、自分が現実を、とりわけ大自然の中をリュックサックを背負って歩いているときに、どう経験するのかが確認された。しかしボームからそれを聞いたことによって、根本的な方向性を見失ってしまいそうになった——私は自分の世界観を変えられてしまったのである。私たちは、あらゆる生理学的、社会的、文化的な現象における、相互に関連し合い、依存し合うきわめて重要な関係について話していた。孤立した状態で理解されるものは一つもなかった。あらゆるものは、統合された全体の一部として見る必要があったのである。

❖

一九六〇年代後半に、ボームは量子宇宙を述べる方法として内蔵秩序という考えを打ち出した。世界を見たりそれについて話したりする新たな方法を生み出そうとしたのだ。「それによって、私たちの注意は、境界や単独の存在を離れ、全体論や相互のつながりや変革へ向かいます」内蔵秩序《インプリケート・オーダー》（「包まれること」を意味するラテン語に由来する）は、私たちのごく当たり前の、通常の思考や知覚を超えたレベルの現実である。身のまわりに見えるものはすべて、世界の外面であり、顕前秩序《エクスプリケート・オーダー》だ。内蔵秩序はそれよりはるかに深いところにある。内蔵秩序から、顕前秩序が明らかになるのである。

ロンドンで、ボームは私に次のように語った。

> 内蔵秩序とは、まず第一に一つの言語です。実在を表すとは限りません。それは一つの言語、内奥にある言語であり、言語においては、一つの単語をある一つのものごとに結びつけるわけにはいかないのです。音楽に近いとも言えます。一つの音符だけではどんな曲も表している

とは言えないからです。絵画のようだと言ってもいいでしょう。印象派の絵には絵の具でさまざまな点が描かれています。しかし後ろに下がって絵の全体を見ると、絵の具による一つひとつの点と、全体として目に映るものとは、全く異なっています。同様に、内蔵秩序やその数学的展開は実在と一致するものを直接的に述べるものではありません。それは言葉にすぎません。この言葉ははっきりとは言えないものについて述べています。私たちにとって最も近くにある実在は、明確に言い表すことができないのです。

デヴィッド・ピートは、内蔵秩序は「達観した姿勢であると同時に、探究の方法でもあります」と指摘していた。また、このようにも言っている。ボームがときおり述べていたように、内蔵秩序は「特定のレベルの現実について、つまり粒子や力の領域を超えた物質領域について述べる場合があります。その意味で、秩序は本質と同じです」と。

『全体性と内蔵秩序』の出版が発表されたのは、一九八〇年七月二十七日、私がボームに出会う直前の日曜のことだった。私はすぐに惹きつけられた。その本は、チームが一丸となってスポーツをしているときに感じる一体感を説明してくれる、アメリカン・リーダーシップ・フォーラムのカリキュラムのための枠組みを提供してくれる、と感じたのだ。そう感じたのは私だけではなかった。今にして思えば、デヴィッド・ピートもこう書いていた。その本と理論は、「即座に人を惹きつける力を持っていた……作家を、芸術家を、音楽家を、心理学者を、そして自分は世界をずっとまさにそのように経験してきたと思い、ようやく強力な象徴を手に入れたと思った人たちを。……重要なのは、古い顕前秩序を捨てて内蔵秩序という創造的な可能性を選ぶことに伴う解放感だった」

その日の遅い時間にした会話の中で、バジルたちの意見は、内蔵秩序の存在を認めるには抽象的に考えるのではなく直接経験するのが最も有効だということで一致していた。たとえば、美しい音楽を夢中になって聴いているとき、私たちは内蔵秩序を直接的に経験している。同様に、走ったり深いダイアローグをしたりしているときに経験するフロー状態〔心理学者のミハイ・チセントミハイが提唱した、人間が完全にある物事に没入し、集中している精神状態〕も、内蔵秩序を直接経験する例である。バジルたちは、この点についても意見を同じくしていた。フロー経験は自然に存在する。ただ、数式を使って表すことは不可能である、と。

❖

デヴィッド・ピートたちとの一日目の会話の中で、私は、ボームの基本的な考え方の一つが「秩序のない宇宙では何も起きない」であることを知った。デヴィッドはこう言った。晩年のボームは、「秩序を見つける必要性をいっそう強調するようになり、偶然や無秩序さをほのめかすものはどんなものも認めませんでした」。これは、私がそれまでの人生で、とりわけリーダーシップ・フォーラムを設立しようと決心したあとに経験したあらゆることとぴったり合っていた。その決心をしたときから、私の人生は、驚くべき秩序に従ってひらいていくように思われたのだ。そして、その考え方こそが、Uを明らかにする過程で私が学んだすべてのことの核になっていた。

また、ボームは晩年、「能動的情報」場の観点から量子ポテンシャルについて述べていたという。彼は情報とその活動には物質的な性質がある、情報は物理学において中心的な地位を占めていると述べたのだ。「情報は、宇宙というプロセスの根底にある要因の一つとして、エネルギーや物質と並べて置かれなければならない」。デヴィッドはこう言った。「ボームは、情報にはそれ自体の活動があると言っているのです。とりわけ情報は相手の中に形を作ります（in-form）。つまりエネルギーに形（form）を与えます……そのため、私たちは新たな形の三つ組が世界に存在するという可能性に対して心をひらかなければなりません」。つまり、物質とエネルギーだけではなく、私たちは物質とエネルギーと情報について考えなければならないのである。

専門知識を持たない人にとっては、これは複雑で、理解しがたいかもしれない。けれども私にとっては、ボームの言う能動的情報場は、内蔵秩序と同様、私が直接経験したこととも、Uプロセスへとつながる研究を行っている間に学んだすべてのこととも、完全に一致しているのである。ボームは、ダイアローグのプロセスは社会問題の根源を解決する能動的情報である、と考えていた。彼はこのようにも述べた。思考プロセスがゆっくりになって「非二元性の状態《ノン・デュアル》」に入ることができたら、「内側から見る」ことができるようになる、と。私はこれを、私たちが『赤い本』に書いたことと、ブライアンが「より深い知の場所」と呼んだものとをはっきり肯定してくれるものだと解釈している。

❖

初日の晩の最後に、マーク・エドワーズが世界各地で撮った写真を見せてくれた。一九六九年七月に、マークはサハラ砂漠で迷い、遊牧民のトゥアレグ族の人に救われて、その仲間のところへ連れていってもらった。その人は火をおこし、古いカセットプレーヤーのスイッチを入れて、ボブ・ディランの「はげしい雨が降る」をかけた。それはイメージが次から次へと重なっていくような曲で、マークはふと、その歌の歌詞を一行ずつ、写真で説明するというアイデアを思いついた。そして、数年をかけて一五〇カ国以上をめぐり、アイデアを実現した。

パーリでのその晩のマークのプレゼンは、「はげしい雨——自然との向こう見ずな衝突」と題されていた。そして、いつまでも記憶に残るだろう一連の写真は、ディランの予言的な歌詞を目に訴える形で説明していた。マークは、「われわれが、主人が奴隷を扱うように自然を扱っている」ことを原因とする、「六つの大きな絶滅」が生じる可能性について述べた。そして次のような問いを投げかけて、プレゼンを締めくくった。「われわれは、われわれの政府は、宗教的コミュニティは、ビジネスリーダーは、メディアは、そして芸術家は、勇気を持ち、敢然と行動を起こせるでしょうか。あるいは、環境的・社会的崩壊への惨めな転落に対して、覚悟ができているでしょうか」

その問い以上のものはない、と私は思った——その日の締めくくりとしても、私たちの断片的な思考が文明の創造的な進歩を妨げているというボームの考えの最終章としても。

16 土着科学

土着科学は教えてくれる。存在するすべてのものは、あらゆるものとの関係――エネルギーとパワーと魂のつながりと、それらのバランス――の表れである、と。

二日目は、とある人物との電話会議から始まった。その人物のことを知らない出席者に対し、前日の晩にデヴィッドがこう説明していた。実は、カナダのアルバータ州に住むブラックフット族のリロイ・リトル・ベアが一時間ほど電話会議で参加することになっています、と。デヴィッドは一九八〇年代に、量子的実在［量子論では、粒子の状態は観測されて初めて確定し、観測されたもののみが実在とは限らない。この量子の効果を含めた、物理的実在の背後に潜む実在のこと］に関するより根本的な疑問と、社会がどのように自然から切り離され、分離されているのかについて、探究を始めた。万物が、いや宇宙全体が、生き生きと活力に満ちているという自分の考えを後押ししてくれる斬新なアプローチを探していたのだった。

研究を続ける中で、デヴィッドは壁に突き当たっていた――何のアイデアも浮かんでこないのだ。そんなとき、ふと一冊の本が目にとまった。『地球に触れる』（*Touch the Earth*）という、アメリカ先住民の長老や首長の十九世紀の写真や彼らの話したことが載っている本である。最初の話を読み始めたとき、電話が鳴った。リロイ・リトル・ベアからの電話だった。デヴィッドは二十年以上前から、神秘的な古代の文化と接触することを無意識に求めていて、ようやく今それが電話によってもたらされたのだった。一瞬、デヴィッドは、読み始めた本の中の一人がよみがえり、現実に自分に話しかけているような錯覚を覚えた。

その日リロイが電話をしてきたのは、アルバータでひらかれる会議にデヴィッドを呼ぶためだった。先住民の長老や現地の科学者が欧米の科学者と一堂に会して、実在に対するさまざまな考え方を探究する会議である。リロイは、ブラックフット族の中では哲学者と言われていたが、ボームの著作や、量子的実在という新たな考え方にも精通していた。

会議には、イロコイ、ブラックフット、クリー、ハイダ、ナバホ、クリークの各部族の人々と、オーストラリアの先住民《アボリジニ》の女性二人と、欧米の科学者が数人参加した。それはデヴィッドにとって、「知と存在に対するその土地ならではのアプローチ」を初めて知る機会になった。そしてこの出会いによって、『ブラックフット族の物理学』（*Blackfoot Physics*）を著すことになった。ロンドンでのボームとの会話を考えると、私にとってぜひ読みたいと思う本だった。

デヴィッドのその本は、アルバータでの一回目の会議から数年の間に発見したことを説明するものだった。彼は、欧米の人々と先住民との、神話と言語と実在に対する認識とを比べている。そこで明らかにされているのは、先住民の教えと、現代科学から今まさに現れつつある洞察とが、驚くほど似ていることだ――私たち自身についての理解にしろ、知についてのさまざまな方法にしろ、宇宙とそこでの私たちの立場にしろ。次に挙げるのは、デヴィッドが見出した多くのことのうち四つを、私なりにまとめたものである。

●量子理論は、あらゆる現象の全体性と自然のつながり合いを強調している。土着科学は、個人と社会の間にも、物質と精神の間にも、私たち一人ひとりと自然の全体との間にも、境界はないと考えている。また、全体性が生きとし生けるものの中に備わっているとも考えている。

●ボームは内蔵秩序、つまり折り込まれた秩序——全体が各部分の中に折り込まれている秩序——のことを、現れた秩序、すなわち顕前秩序——感覚によってただちに知覚される秩序——よりも深い物理的実在〔量子的実在と対比される、物理的に観測される事象のこと〕として述べた。同様の姿が、ひょうたん協会のメンバーが身につける、テキサスマウンテンローレルの実をビーズにした首飾りに見られる。一つひとつのビーズは宇宙を象徴しており、一つひとつの物が全体の中に包まれていることをメンバーたちに思い出させる。実際、首飾りをしている人にとって、その首飾りは宇宙を包んでおり、あらゆる生きものとじかに触れさせてくれている。

●現代物理学においては、バジルがパーリで指摘したように、宇宙を構成する最も基本的な要素はビリヤードボールのような原子であるとはされず、宇宙はあらゆるものとのつながり合いとして存在すると考えられている。一方、土着科学は教えてくれる。存在するすべてのものは、あらゆるものとの関係——エネルギーとパワーと魂のつながりと、それらのバランス——の表れである、と。

●パーリに集まった全員を含め、物理学において最先端を行く人々は、自然とは相互作用する客体の集まりではなく、プロセスの流れであるという考えを持つようになっている。流れとプロセスというこの概念こそ、土着科学の基盤である。

デヴィッドの著作を読んでいたので、私はリロイとの電話会議を心から楽しみに思っていた。デヴィッド同様リロイをよく知るリー・ニコルが、スピーカーフォンを接続した。デヴィッドとリーはリロイに挨拶し、彼を私たちに紹介し、それから私たちに、名前と住んでいる場所とを告げて順番に自己紹介するように言った。言われたとおりにして、全員が自己紹介をすませたとき、ちょっとした間があった。するとリロイがひとことこう言った。「みなさん全員が見えます。お会いできてうれしく思います」。部屋に、やはりと納得したような静寂が漂う。私は思った。「彼は冗談を言っているわけではない！　本当に見えているんだ」

私たちは、言語（「私は一日中ブラックフット語を話すことができます。名詞を使わず動詞だけを使います。私たちにとっては、あらゆることがプロセスであり、行動ありきなのです」）、時間（「二日以上、ほかのあらゆるものがただ存在します」）、土着の精神（「私たちの精神は矛盾や曖昧さを大目に見ます。なぜなら、この世の秩序は、論理という数学的なものではなく、実在の内部構造というべきものだからです」）について、多岐にわたり話をした。

多くの参加者が質問をし、リロイはそれに対して率直かつ簡潔に答えた。ともに過ごす時間が終わりに近づくと、私は、数年にわたって経験した大自然の中でのレトリートやソロ・キャンプがどんなに素晴らしいものだったかをリロイに話した。リロイは次のように考えを述べた。土着民ではない多くの人が、意識を変えてくれる自然のパワーに引き寄せられます。そして世界中の人々が意識を変える技術を磨いています、と。けれども本当に大切なのは、と彼は先を続けた。自然の中に身を置くことそのものではなく、仲間とあなたが自然とともに何をし、どう行動するかです。先住民の文化では、人々は社会全体に対して、とりわけ社会の調和とバランスに対して大きな責任を持っているのです。

そう言うと、リロイは別れの挨拶を述べた。

❖

午前の休憩時間に、タヒルと私は村のいちばん高いところまで少し歩いた。会議室の窓のすぐそばにある、小さな公園のベンチに腰を下ろす。タヒルが話題にしたのは、リロイが会議のはじめに述べた言葉のことだった。「みなさん全員が見えます。お会いできてうれしく思います」。リロイの言葉が文字どおりの意味であることを、私たちは知っていた。リロイは、遠く離れていても自然に意思の疎通を図ることができる、太古の能力を失っていなかったのだ。タヒルによれば、これはベルの定理や相互に結びついた宇宙と完全に一致しているという。私は似た例として、友人リン・ツイストの話をした。リンはグローバルに活躍する経験豊かな活動家・資金調達担当者《ファンドレイザー》だ。サンフランシスコ在住。夫のビルは大変な成功を収めている実業家で、投資家でもある。

それは一九九四年の、リンがハンガープロジェクトのために四十七カ国で募金活動をする責任を負っていたときのことだった。リンは一九七〇年代にプロジェクトが設立された当初の中心メンバーで、プロジェクトが国際的な動きになるのを後押しした。世界の飢餓の根本原因を探るためである。「一体なぜ、私たちが食べ物のあふれている世界に生きている一方で、一日に四万人――大半が五歳以下の子ども――が飢餓や飢えのために死んでいくのか?」それは食べ物の問題ではなく、分配の問題、すなわち人間的成長の問題だ、とリンと仲間たちは結論した。そうした問題を解決することは高潔な取り組みになるだろう。しかしながら、「こんなにも多くの人――ほとんどが子ども――が飢えるのを許しているのは、人間の意識が低下しているということにほかなりません」。リンの考えでは、それは誠実さの問題だった。「わたしたちは互いに関連し合っているという感覚を失ってしまっているのです」

一九九四年に、リンと仲間のジョン・パーキンスはグアテマラへ行った。ジョンは、アマゾンの熱帯雨林で先住民たちと数年にわたってさまざまな取り組みをした著名な作家である。ほかには、グアテマラの高地でマヤの人々とともに活動しようという慈善家グループも一緒だった。

ある夜、リンとジョンと慈善家グループの十三人は、マヤの長老に会った。シャーマンで、その土地に暮らすマヤの人々に関して仕事をしている人だった。リンたちは真夜中に火を囲んで円になって座り（最も古い社交的な座り方の一つだ）、シャーマンの儀式に参加した。スペイン語と少しマヤ語を話すジョンがシャーマンのために通訳を引き受け、シャーマンはみなに足を火に向けて横になり、目を閉じるように言った。シャーマンが歌い、ドラムを鳴らし始めると、リンは深い昏睡状態、いや夢を見ているような状態に陥った。その夢の中で、リンは巨大な鳥になって、どこまでも広がる緑の森の上空を飛んでいた。あるときリン（鳥）は、肉体のない何人もの顔が森の底から浮かび上がってくるのを見た。顔は幾何学模様の入ったオレンジ色、頭には黄色と赤の羽の冠をかぶっている。彼らは聴いたことのない言葉でリン（鳥）に声をかけた。それから森の中へふわふわと降りていった。何度も何度も、彼らは現れては、リンのほうへと浮かび上がって話しかけた。それからまた、森の中へと消えていった。

儀式が終わり、全員が体を起こすと、長老が一人ひとりに順に、今の経験がどんなものだったか話すように言った。自分の番になると、リンは夢の話をした。それを聞きながら、長老が怪訝な顔をしていたという。それから仲間のジョンが、自分も同じようなビジョンを見たと打ち明けた。儀式を終えると、長老はリンとジョンにその場に残るように言った。そしてこう説明した。二人の見たビジョンはふつうのビジョンではなく、二人は意思を伝えられようとしている。呼びかけられており、返事をする必要がある、と。

長老がその場を去ったあとで、ジョンとリンは話をした。リンは混乱していた。何もかも、理解に苦しむことばかりだったからである。驚くべき夢だったが、どう対処すればいいのかわからなかった。さっさと忘れておしまいにしたかった。

ジョンは率直にリンに言った。「僕はエクアドルのシュア族とずいぶんかかわってきたが、彼らの近くにアチュア族が暮らしている。リン、顔の模様と羽の冠からわかるのは、夢に出てきたのがエクアドルのアマゾンに暮らすアチュア族の人たちだってことだ」。そしてこう説明した。シュア族は三十年前から、われわれが現代社会と呼ぶものと交流を図ってきた。アチュア族はほとんど交流したことがなかったが、シュア族にこう言っていた。現代社会とは必ず接触することになるが、それは危険なものになるかもしれないことが、自分たちの夢やビジョンに現れるようになっている、と。ジョンが言った。「アチュア族は僕たちを必要としている。彼らがどういう人たちかも、どこにいるかも、僕は知っている。現代人を、彼らが暮らす土地へ連れていくというのは僕の長年の夢だった。今こそ行こう」

「無理を言わないで」とリンは言った。「わたしは世界の飢餓をなくすという、とてつもなく大きな責任のある仕事を抱えてる。わたしの人生には、アフリカとアジアでしなければならない重要なことが山積みなの。こんなこと、理解さえできないわよ。南米なんて行ったことがないし、スペイン語も話せない。アマゾン川のことも何も知らない。あなたとアマゾンへ行くなんてできるはずがないわ」

グアテマラでの仕事を終えると、二人は、リンがアフリカから戻ったらもう一度話し合うということで合意した。リンは理事会がひらかれるガーナへ直行し、ジョンはシュア族との仕事のためにふたたびエクアドルのアマゾンへ向かった。

ハンガープロジェクトの理事会がひらかれるのはガーナの首都アッカだった。リンは、わたしは会議用の大きなテーブルの席に着いていました、と言った。そしてこう続けた。「テーブルを囲む人はみなガーナ人で、大半のガーナの人がそうであるように、とても黒い色の肌をしていました。そして女性二人と男性七人が会議用テーブルを囲んで話していました。

「突然、明るいオレンジ色の幾何学模様が男性たちの顔に現れました。信じられないことでした。しかもわたしのほかには誰の目にも見えていなかったらしいんです。ジョセフ、それはまるで、あなたとわたしが話をしているときに突然バナナがあなたの頭から生えてきて、なのに二人とも何事も起きていないかのように話し続けてる、そんな感じでした。自分には見えているのに、ほかの人が平気な顔をしていたら、あなただって自分は頭がどうかなってしまったんじゃないかと思うでしょう——わたしがそうだったように。

体が震えだしたので、失礼と断って化粧室へ行きました。でも、戻ってきたときも、みな平然としていました。相変わらず話し続けていたんです。そのとき、同じことが起きました。オレンジ色の幾何学模様が男性たちの顔に現れたんです。わたしは本当に、自分は気が変になったのだと思いました。動揺し、恐怖に駆られました。わたしは気分が悪いのだと言って席を立ちました——本当に具合が悪くなった気がしました」

それからリンは上階のホテルの部屋へ行き、荷物を詰め、次の便でサンフランシスコへ戻った。機内ではずっと、寝ても覚めても、オレンジ色の顔が頭から離れなかった。

サンフランシスコに戻ると、リンは夫のビルにその話をした。ビルは、共感はしてくれたが、どこか醒めていたのは否めなかった。

「彼としてはほかに対応のしようがありませんでした」とリンは言った。「わたしもその件を忘れ始めていましたし、それこそ夢でも見ていたにちがいないと思うようになっていました。でもそのあと、グアテマラで見たビジョンとそっくり同じ夢を、毎晩のように見るようになったんです。

やがてビジョンは昼間も現れるようになりました。もう耐えられないと思ったのは、ゴールデンゲートブリッジを渡って、サンフランシスコからサウサリートへ車で向かっているときでした。マリン郡に入るときに、〈虹のトンネル〉と呼ばれるトンネルを通り抜けます。このトンネルの中でビジョンが現れたのです。何も見えなくなりました。運転ができませんでした。やっとトンネルを抜けると、わたしは車を路肩に寄せ、泣き始めました。あとでセラピストに話をし、ありとあらゆることをやってみましたが、ビジョンが消えることはありませんでした」

とうとう、リンは、いまだエクアドルにいるジョン・パーキンスに電話をした。一九九四年にはインターネットがなく、リンはフロリダにある彼の家にファックスとヴォイスメールも送った。ようやくジョンが家に戻ると、リンからと、さらにダニエル・クーパーマンからもファックスが届いていた。ダニエルはジョンのエクアドルの友人で冒険旅行のパートナーでもあり、シュアル族に関してジョンとともに活動していた人だ。ダニエルはこう書いていた。カヌーを漕いで、アチュア族が暮らす地域に入った。ダニエルを守り、アチュア族のリーダーたちと会えるようにしてくれる、シュアの先住民と一緒だ、と。ダニエルは、熱帯雨林にエコロッジを建てる場所を見つけるためにエクアドルのアマゾンをあちこち調べていて、アチュア族と話し合いを始めていたのだった。

「アチュア族は、現代社会の人々に自分たちのところへ来てもらおうとしている」とダニエルは書いていた。「彼らは交流を望んでいる。実際、交流を始めたいと思っている。できるだけ早く来てくれ。彼らは、手はじめに、現代社会からまずは十二人に来てほしいと望んでいる。それもこういう人がいいそうだ。グローバルな視野と広い心を持っている人、熱帯雨林が生物のサステナビリティにとってきわめて重要な生態系であることを知っている人。そういう人なら、シャーマンを敬い、先住民が現代社会と分かち合うことになるものに進んで耳を傾けるはずだからだ」

これは実現しなければならない、とリンとジョンは思った。リンはハンガープロジェクトの仕事をしばらく休み、ジョンと協力して、求められたとおりの十二人から成るグループをつくった。まず選んだのはリンの夫のビルだった。さらに、条件に合う特別な人々に加わってもらった。彼らはエクアドルへ行ってダニエル・クーパーマンに会い、ダニエルが一行をアチュア族に会うための旅へ案内した。

「まずキトへ飛びました」とリンは話した。「そこから火山通りの谷を通って、アンデス山脈の東側へ抜け、パスタサ川の渓谷へ、そして大陸全体に広がるアマゾン川流域へ入りました。それから軍用機でシュア族のテリトリーに入りました」。そこからは、シュア族の水先案内人が彼らを一度に三人ずつ運び、遠く離れたアチュア族のテリトリー内にある川の近くで下ろしたという。

「十二人全員が着いたときには」とリンは言った。「暗くなり始めていました。そのとき、彼らが現れたんです――顔にオレンジ色の幾何学模様を施し、頭に黄色と赤の羽の冠をかぶったアチュア族のリーダーたちが」

アチュア族はリンたち十二人とその持ち物をカヌーに乗せ、エコロッジの建設予定地に設けたキャンプ地へ連れていった。その場所で彼らは数日にわたって会合した。

リンはさらに言った。「アチュア族の長老たちは、わたしたちの知る限り、どんな先住民族もしたことのないことをしました。彼らの古くからの生き方を脅かされるのではないかという不安と、その脅威の根源が彼らの暮らす熱帯雨林をはるかに超えたところに存在するという認識から、現代社会に生きる献身的な人々のパートナーシップを熱心に求めたのです」。リンと夫のビルにとっては人生にかかわる重大な決断であり、この出会いの前には考えられなかったことだが、二人は仕事を辞め、共同でパチャママ・アライアンスを創設した。パチャママというのは、南米のケチュア語で、「地球」や「自然」を意味するパチャと、知恵と精神の母なる女神を意味するママを合わせたものである。

アチュア族の人口は約六〇〇〇人。生物学的に世界で最も多様性に富んだ地域の一つで、二〇〇万エーカー近い原始のままの熱帯雨林に暮らしている。パチャママ・アライアンスがまず取り組んだのは、アチュア族のテリトリーの総合資源管理計画を実施することだったが、これは大変な成功を収めた。このマスタープランの目標は、アチュア族の土地と文化を長期にわたってきちんと守っていくことである。

「思うに」と、最後に私はタヒルに言った。「リンの経験は、リロイ・リトル・ベアが私たちのことが〈見える〉と言うのとおよそ同じではないでしょうか。相互につながり合う存在の広がりに結びつくと、時間も空間も無意味になります。見える――〈遠隔透視〉と言ってもいい――ようになり、ときには意思を伝え合えるようにさえなるのです」

タヒルが答えるより前に、デヴィッドとバジルが通りかかり、そろそろ戻ったほうがよさそうだと声をかけた。リー・ニコルがプレゼンの準備を始めているのだった。

17
内面の状態

精神面の修練を積んだファシリテーターは、参加者のために「場をつくって」、彼らが個人としてしっかり鍛錬し、より深い領域へ進めるよう手助けするだろう。その段階に達して初めて、参加者たちは「単一の知性」として行動し、グループの中に折り込まれている「目を見はるような能力」を解き放ち始めるのである。

その日の朝のこと、食事をしながら、リーは私に言った。ボームとは、一九八〇年代はじめから彼が亡くなる一九九二年まで、親しく仕事をしていた、と。リーは数々のボームの著作の序文を書いていた。その中には、ボームがカリフォルニア州オーハイでひらいたセミナーをもとに完成させた、思考の本質と自己に関する本『システムとしての思考』(*Thought as a System*)もあった(リーは、インドの著名な教育者、ジッドゥ・クリシュナムルティとともにオーハイで教えを説き、そこで生まれたいろいろなダイアローグ・グループに深くかかわっていた。一九八〇年に私がボームに出会ったとき、彼はクリシュナムルティを絶賛し、クリシュナムルティなら私たちがリーダーシップ・フォーラムのカリキュラムをつくるのに力になってくれるだろうと言った)。

私はリーに、ボームとの出会いのことと、ボームがこれこそがこの世の仕組みである、また人間の学び方、考え方であると信じている明らかなメンタルモデルを話してくれたことを語った。ボームにとっては、人間が集合知を実現する力を生まれつき持っているのは明らかなことだった。人間はともに学び、考えることができる。そしてその協力的な思考によって協調的行動が生み出される。私たちはみなつながっていて、思考と知覚の生き生きとした場の中で活動している。世界は定まっておらず、絶えず流動している。したがって未来も定まっておらず、形作ることができる。人間は重要な暗黙知を持っている。すなわち、「われわれは言葉にできるより多くのことを知ることができる」のである（『暗黙知の次元』〔筑摩書房〕）。解決されなければならない問題はこれだ。どうすれば障害を取り除き、その暗黙知を使って、誰もが望む未来をつくることができるのか？

一九八三年まで、ボームは膨大な時間を費やして、共同で考えコミュニケーションをはかるというこの問題に取り組んだ。それから八年ほどで、飛躍的な進歩を遂げてそのプロセス全体を理解するに至った。そしてそのプロセスをシンプルに「ダイアローグ」と呼んだ。

一九八五年のはじめに、ボームは、当時の話し合いに対する新たな見方に関して、一連の提案をした。そうして示されたダイアローグ・モデルはアメリカ、カナダ、ヨーロッパの各地で大変な注目を集めた。公式、非公式を問わず何百ものグループが実践した。ピーター・センゲのMIT組織学習センターを含め、さまざまな組織開発・経営者コミュニティにも広く採用された。ボームのモデルは、ピーターの「四つ目のディシプリン」であるチーム学習に色濃く反映されている。

ピーターはこう書いた。チーム学習はきわめて重要だ、なぜなら現代の組織における学習の基本単位は個人ではなくチームだからである。そしてチーム学習はダイアローグから、思い込みを脇へ置いて正真正銘「ともに考える」チームメンバーの力から始まるのだ、と。

私が一九九四年にボストンへ行ってピーターやその仲間と仕事をするようになるまでに、ボームのダイアローグ・プロセスについてとてつもなく興奮することがあった。一九八九年に、ボームはMITを訪れた。そしてピーターとその仲間に、本物のダイアローグは集団の意識を根本的に変えうること、適切な環境のもとでなら「集合知」が発達し、ほかの方法では手に入らない知識を手に入れられるようになることを述べた。ボームは、そうしたダイアローグがもたらす影響は、組織内にあるさまざまな境界を越えて広がり、また、組織そのものに対して、かすかではあるが重要な効果をもたらす、と考えた。

その日の朝、そうした大まかな背景を、詳しく知らない人たちのために説明したのちに、リーは、集合知を変えるダイアローグの力に対するボームの強い期待感について述べた。しかしながら、晩年のボームは、ダイアローグがもたらす効果は不安定で、ちっぽけでさえあったように思っていた。リーはこう考えた。効果が持続しないのは、一つには、ダイアローグが営利目的で使われるようになったからかもしれない。そのせいで、ボームが提示したとおりにダイアローグが理解されず、ファシリテーターのトレーニングも不十分になってしまっているのだ、と。リーはこの一点に、すなわちダイアローグがいかに過小評価されてきたかという点に集中したいと述べた。そうすることによって、リーは、ボームのモデルにおけるいくつかの本質的な特徴が正当な評価を取り戻せるよう、小さな一歩を踏み出したいと思っていた。

リーはこんな話をした。人々がダイアローグを経験できるよう数々のセミナーやミーティングをひらいたのち、ボームは自分の考えを小冊子「ダイアローグについて（*On Dialogue*）」にまとめ、自費で出版した。セミナーのメーリングリストに載っている人に送るのがそもそもの目的だったが、驚いたことに、あっという間に二万部が売れた。冊子は、簡潔ではあるがダイアローグを完全な形で伝えるものではなく、プロセスの深い内容をすでによく知っている人、はっきり言えばボームのセミナーに出席したことがある、あるいはミーティングの詳細な内容を読んだことがある人向けのものだった。近年、この不完全な冊子が、大衆向けのハウツー本を出している出版社によって広められている。つまり、もとのダイジェスト版とそれのコピー版が、あらゆる世代の実践者に向けて、ダイアローグの領域を定義してしまっているのである。

さらにリーは話を続けた。欠けているものは、人々がしている会話の中で、ボーム自身によって見出された。一九九二年の、亡くなる少し前のことだった。「人々は、ダイアローグ・グループを離れて自分の力で鍛錬するということが、十分にできていない」。ボームとリーはこう結論した。ファシリテーターも参加者も、一人ひとりが自力でしっかり鍛錬し、それからその成果をグループに持ち帰る必要がある。そういう修行を常に行う必要がある、と。「自力で鍛錬する」とは、つまり観想的な修行をすることである。瞑想、マインドフルネス、気づきのトレーニング、何でもいい。リーによれば、（深く瞑想しているときと同様）心が静かになってエゴを超越すると、思考を超えたもの、すなわち根源的な意識が作用し始めるという。「それは、自己や世界に対する私たちのとらえ方から切り離された意識です。全く新しいタイプの洞察――つかのま自己を喪失し、にもかかわらずはっきり意識のある状態なのです」。ボームが強調していたのはこの点だった。もし一人ひとりが鍛錬を行ったら、「肉体は、膨大な量の、思いもよらない情報への個人的な入り口になる」

のちにリーは、「鍛錬」が意味するところを示す、クリシュナムルティに関する話をしてくれた。「人生のまさに最後に、クリシュナムルティはイングランドの農村部で、以前建てた中等学校のそばに学習センターを建設する計画にかかわっていました。その建物群（比喩的な意味でも文字どおりの意味でも）の中心には、瞑想のための部屋がありました。クリシュナムルティは、センターの完成を待たずにこの世を去ってしまいましたが、その部屋の使い方についてきわめて的確な指示をしました。『心静かになるために、瞑想ルームに入ってはいけない』と彼は言いました。『瞑想ルームへ行くときは、静かな心を部屋に持ち込みなさい』

これは実に奥深いものの見方です。これにより、多かれ少なかれ、何かを得ることについて、みな見方を覆されます。世界に対するきわめて特別な、慎み深い責任も生み出されます。

グループワークへと視野を広げても、その影響はやはり奥深いものです。個人的な成長、つまり自分が何を得られるかを考えてボームのダイアローグ（いや、ほかのどんなことであれ）の次の段階へ進むのではなく、内面の姿勢が整っていれば、まさに最初から、エネルギーに満ちた深い静かな心で先へ進み、そういう心をグループワークに〈与える〉ことができるのです。言うまでもありませんが、これによって参加が妨げられることはなく、むしろそれは参加の根底にあるものです。『自分は、すべての取り組みに対し、全責任を負います。そうした、全責任を負うという姿勢を持ってグループワークを始めます』と、心の中で、黙って宣言することなのです。もしグループワークを行う多くの人がこのことを理解し、実行するなら、そのグループも取り組みも変わることでしょう。

私はこれこそが、『人々は、自分の力で鍛錬するということが、十分にできていない』と言ったときにボームが示唆していたことだと思います」

私は、リーの言葉はきわめて有益で、ニューヨークでテックスに会ったあとに私が至った結論にきわめて関連があることに気がついた。理由は二つある。

まず、小冊子「ダイアローグについて」に関する「裏話」を聞けてうれしく思った。この小冊子を、私はボストンへ行って初めて目にして以来、長きにわたって十回は読んだと思う。その中でここ数年とくに不思議に思うようになったのは、ダイアローグの必要条件となるファシリテーターと参加者両方の「内面の状態」の向上について記述がないことだった。それがようやくわかった――と同時に、ボームのダイアローグに関して重要な取り組みが長年なされてきたことを思えば、その記述が欠けていることに深い悲しみを覚えた。ボームのダイアローグをプロセスの中心にし、それを呼び物にした大規模な変革努力が欧米で数々なされていることには、私なりに気づいていた。しかしそのどれも、可能性を十分に実現することができていなかった。先に述べた自己鍛錬の必要性が明確にされていなかったからである。

また、この話と、Uプロセスが誤解され、活用されていないことについて私の理解が深まっていくことの間には、興味深い類似点がいくつかあった。Uプロセスにおいても、肝心な点――Uの底にある小さな出入り口――が十分には明示されていなかった。ファシリテーターや最高幹部の能力を育てるという大変な仕事がなされることもめったにない。ボームのダイアローグにおいてそうであるのと同じように、精神面の修練を積んだファシリテーターは、参加者のために「場をつくって」、彼らが個人としてしっかり鍛錬し、より深い領域へ進めるよう手助けするだろう。その段階に達して初めて、参加者たちは「単一の知性」として行動し、グループの中に折り込まれている「目を見はるような能力」を解き放ち始めるのである。

❖

リーによれば、ボームは晩年、「意味を変えることはあり方を変えることだ」という金言を繰り返し口にしたという。パーリでの会議の出席者たちも、三日間その言葉について述べていた。リーたちは、その言葉には「宇宙――参加型の宇宙――の中心には、恵み豊かな秩序、あるいは創造的な秩序がある」というボームの考え方が示されていると理解していた。そうした宇宙においては、親交や交友がそのシステムのいわば風土である。そして、人間が本来的に持つあたたかみが当たり前に存在し、自然や社会とはそういうものであると誰もが解釈している。ボームはこう考えていた。精神と肉体の連続したつながりは（「考えることは、全身で行わなければならない」とボームは私に言った）、宇宙の最も深い秩序とたしかに関連している、と。もしそうなら、とリーは言った。

意味や目的が変わることで、私たちはそうした秩序に対して自分を解放し、もっと大きな、ひょっとすると全く違う宇宙を垣間見られるようになるかもしれません。

リーはその日のプレゼンを終えるにあたり、こう述べた。そうした深い考えが、ボームのダイアローグのまさに中心にある——一時の流行や理屈としてではなく、人間らしさを最も深く促すものとして。そして、もしそうした深いダイアローグがふたたび現れたら、それは斬新な創造性に、集合知に寄与し、現代の文明の軌道に素晴らしい影響をもたらすことができるだろう、と。

18

真の全体との出会い

各部分の中に、全体が含まれる。そのため、
それぞれの要素が大宇宙の中の小宇宙になる。
その意味で、個人はあらゆる複雑なグループを含む
より広い実在を表すものとして存在する。
——デヴィッド・ピート

パーリに着いたときには、私はとくに何か話をする予定にはなっていなかった。ところが、リーがプレゼンをする前のこと、デヴィッドとタヒルに、最終日のトップバッターを務めてほしいと頼まれた。私は喜んで引き受けた。ボームが私のためにしてくれたことを私がどれほどありがたいと思っているかを、彼と親しかった出席者全員に知ってもらいたかった。

私はまず、ボームとの出会いについて話した。それから、リーダーシップ・フォーラムや、ロンドンのロイヤル・ダッチ／シェルでリードしたシナリオチームや、「同盟」プロジェクトとイノベーション・ラボ——みなでUプロセスを明らかにした——にまつわる出来事を語った。最

後は、グローバル・リーダーシップ・イニシアチブと実証プロジェクトに触れて簡単な「自分史」を締めくくり、それからその時点で自分が理解しているとおりにUプロセスの絵を描き、Uの底にある「小さな出入り口」と第四段階のファシリテーターの必要性、つまり私が「進化したUプロセス」と呼んでいるものを強調した。

重要な点は、と私は言った。ボームの心の広さがなければ、いずれもこんなふうに明らかになることはなかっただろうということです。なにしろ、新しい著書の出版が発表された日曜日に、見ず知らずの他人が家に電話をかけてきたのですから、と。ボームが内気な性格でおよそ社交性に富むと言えなかったことは、その部屋に集まっている誰もが知っていた。にもかかわらず、電話でほんの少し言葉を交わしたすぐあとで、ボームはすべての予定を変更し、明くる日私のために四時間を割いてくれたのだった。驚くべき愛の行為でした、と私は言った。ほかにどう表現していいか、わからなかった。そして、そのたった一つの、愛と寛大さを示す行為が、私の人生の、さらには数知れない人々の人生の方向性をすっかり変えた。その行為は、ボームがみずから教えているとおりに生きていることを——宇宙に対しては神の意向があることを、「一立方センチメートルの好機《チャンス》」が示されたときにそれをつかむかどうかは私たち次第であることを表してもいた。

私が話を終えたあと、部屋には沈黙が流れていた。私はボームの魂を感じた。そして、私をその場に呼んでくれたことに対して、さらには、ボームからぜひまた話したいという手紙をもらいながらロンドンへ戻って会うことのできなかった個人的な痛みを癒やす機会を与えてくれたことに対して、デヴィッドとタヒルに深く感謝した。

アンドリューが最初に感想を述べた。私が描いたUモデルと、それを組織で使う方法がおもしろい、という。イノベーション・ラボのUモデルを描いて、私はゲーリー・ウィルソンのロサンゼルスの製油所とデイヴ・チャップマンのリース取引会社の話をした。その後、イノベーション・ラボに参加する組織のチームの選び方についてみなで意見を交わした。私はこう言った。指針となる原則は、変えようと思うホールシステム［多様なメンバーを一室に集めて全体のシステムについて議論することをホールシステム・アプローチという］の本当の代表者を、全体の「戦略的縮図」を選ぶことです、と。

ヘンリーは、このプロセスはゲーテの科学哲学に関して自分がライフワークにしているものと完全に一致している、と述べた。デヴィッドがうなずいた。デヴィッドはその著書『シンクロニシティ』（サンマーク出版）でこう述べている。「各部分の中に、全体が含まれる。そのため、それぞれの要素が大宇宙《マクロコスム》の中の小宇宙《ミクロコスム》になる。その意味で、個人はあらゆる複雑なグループを含むより広い実在を表すものとして存在する」

ここパーリでも彼がその話をすると、私は言った。「まさにそのとおりです。システムの全体は一人ひとりの中に表現されたり反映されたりします。そのため、本当に組織を代表しているグループを選べば、組織全体を一つの部屋に集結させることになります。選ぶプロセスは、〈深い構造化されたダイアローグ〉から始まります。ジェネロンのインタビューチームの場合、直観を使い、深く耳を傾け、じっくり考え、質問し、その一方で本物の心の広さや好奇心を育てて、人々が持つ個人の、そして集団としての本物の志を引き出します。組織の人々の具体的な経験を探ることによって、全体像が現れてきます。するとインタビューチームはともにじっくり考えて、システム全体についてのチームとしての意見と代表として最もふさわしい人たちとを見つけ出します」

「実り多いそうしたインタビュープロセスのある時点で」とヘンリーが言った。「意識の中に力強い流れが生まれ、システムの正確な姿が明らかになります」

ブライアン・アーサーも全く同じプロセスについて述べていた。彼の場合は、このプロセスを使って複雑系を理解し、干渉への最もよいアプローチを見つけ出すのである。パロアルトで初めて会ったとき、ブライアンはマッキンゼー・アンド・カンパニーの夏のインターンとして、ドイツのデュッセルドルフでした経験について話してくれた。一九六〇年代の、カリフォルニア大学バークレー校の大学院生だったときのことだ。ブライアンは、直面している複雑系の現状を理解することをチームがどのように教えられたかを話してくれた。

彼らはただ座っていた。何もしなかった。ひたすら、座って、観察し、インタビューし、観察し、考え、戻って、また観察する。これをするには大変な労力がいるが、彼らはきわめて忍耐強かった。それが何カ月も続き、やがて彼らは、今であれば私が「現在起きていることの複雑なイメージ」と呼ぶものを――認知的なイメージを持ち出して、「あなたはこのように考えをまとめる必要がある」と言ったりするのとは正反対のものを――得た。実のところ、彼らはイメージを現れさせてくれた。しかし私には理解できなかった。今ならこれを、帰納的合理性ではなく、演繹的合理性と呼ぶだろう。彼らは、枠組みを第一にするのではなく、枠組みにただ現れさせたのだった。

ランチを食べながらヘンリーと会話をしているときに、私は科学哲学や全体性の認識に関する彼の研究をどれほど素晴らしいと思っているかを伝えた。彼はこう言った。一年ほど前のあるとき、「心の中から飛び出すように」当然の気づきを得た、と。「私はデヴィッド・ボームゆえにこの仕事をしている――すべてはボームに端を発しているのです」

19　進化におけるパートナー

私たち自身の目的や意味を見つけ出すとき、
私たちは宇宙における意味を豊かにする。
それまでそこになかった重要なものを創り出すのだ。

その日行われた最後の会話は、私にとってきわめて重要なものだった。進化したUプロセスと、それが適切に使われるとどれほど高い効果を発揮するかについての話し合いが終わったとき、ある物理学者の弟子が次のような疑問を投げかけた。「たしかにこのプロセスは強力ですし、これを使うラボ・チームは新たな現実を明らかにできるでしょう。でも、悪いことのために使われたとしたらどうなんでしょう。たとえば、ヒトラーのような考え方の持ち主がこのプロセスを使おうとしたらどうなるでしょう」

非常に活発なやりとりが始まり、一時間ほど続いた。最終的には、合意に至るための土台としてボームに戻った。ボームは著書『明らかになる意味』（*Unfolding Meaning*）の中でこう書いている。意味は、目標の達成や、きわめて微妙で複雑であるためにどんな閉論理式［真偽が明確に判断できる閉じた命題（論理式）］によっても表せない特定のコンテクストに関連する、実在の一面である、と。私たちは深遠な意味に満ちた宇宙に生きている。全体性と愛と意味は、宇宙を満たして特徴づけ、宇宙に形を与える。まさにその定義によって、進化したUプロセスは源泉《ソース》を使うように意図されており、また意味で満たされている、すなわち、真実と愛がその核心にあり、本質になっている。それは、現れつつある現実を、その現実が望むとおりに――エゴや悪意を持つ人々が望むとおりに、ではなく――生み出すプロセスなのである。自己と他者と宇宙の間の境界をなくせるようになるには、個人や集団は、他人のために、対象となるホールシステムのために、愛と思いやりと犠牲という姿勢を明確に持たなければならない。そのように一体性を実現できて初めて、参加者は出現する恵み豊かな秩序――一見そこから個別の出来事が生じるように見える完全なる全体性――に基づいて行動していることになるのだ。また、その瞬間にこそ、ホールシステムの利益のために新たな現実が実現される。これが、進化したUプロセスがきわめて強力である理由である。それは世界の役に立つよう意図されている。プロセス自体が意思に基づく愛の行為であり、新たな現実を可能にするのである。

ラトガーズ大学の哲学の教授、ルネ・ウェーバーが行ったボームへの有名なインタビューでは、ボームが示した世界観が取り上げられている。パーリでの最終日に会話の中心になった世界観である。インタビューでボームは、深遠で明らかな意味が宇宙を満たしている、と述べた。「それがその意味なのです。理由は必要ありません」。意味や目的は、「愛と言ってもいいかもしれません。調和と言うこともできます」

意味は最終的なものではない。私たちは絶えず意味を発見し続けている。そのように意味を発見することこそが実在の一部である——。こうした世界観は、普遍的で緊密なつながりや、システムの至るところにあらゆるレベルで流れる、すべてを包み込む考え方を当然のものだとする。ボームは私にこう言った。「私たちは、意味に満ちた、あらゆるレベルで意識的な宇宙に生きているのです」と。

ボームは、意味を変えることによって現実を変えると、私たちは行動を起こせるようになる、と思っていた。「考えること、感じることが大切です。ポイントはソクラテスのこの金言『汝自身を知れ——心の中へ入り、内観せよ』なのです」

インタビューでのボームの話と彼がロンドンで私に話してくれたこととを長い間じっくり考えたのちに、私は次のような結論に至った。私たち自身の目的や意味を見つけ出すとき、私たちは宇宙における意味を豊かにする。それまでそこになかった重要なものを創り出すのだ、と。私たちは宇宙の一部であり、宇宙は私たちの一部だ。私たちは宇宙の進化におけるパートナーなのである。

ボームと、デヴィッドと、その週末パーリに集まった人たちは、「心がばらばらになっている状態」であるために私たちの多くが現実をそのように見られなくなっていると考えている。その状態のせいで宇宙の創造性が見えなくなってしまっているというのである。

ロンドンで、ボームが言っていた。一人ひとりの人間のことにしろ複数の人が集まるグループのことにしろ、自分自身ではなく「他者」として私たちが見てしまいがちであるために、個人的・社会的な孤立や身勝手さや戦争が生まれてきた、と。デヴィッドたちはこう考えていた。社会やそこに生きる個人はかなり機械的に行動する傾向があり、どちらかといえば定まった立場から、創造的とは言えない方法で、チャンスや新たな状況に対応する、と。「社会も個人も、みずからつくった構造や形式に、信念や目標や価値観に、とらわれているように思われます。そしてそれらがあまりに固定化されてしまっているために、人々は宇宙の秩序全体の特徴である柔軟性や巧みさをもって行動することができなくなっています」。その過程で、自己が凝り固まり、自分にばかり注意を向けるようになってしまうのである。

20

科学と、人間の持つ可能性

私たちは西洋科学という壮大なものをつくってきて、たまたまいくつかのこと、たとえばCT撮影や衛星による誘導や原子炉の設計などに関して成功しています。しかしそれによって、私たちが世界を本当に理解していることが示されているわけでは全くありません。

――ブライアン・アーサー

その日のうちには誰もがパーリを去る最後の朝に、私はジェフリー・トーラクセンとその妻ジェーンと食事をともにした。ジェフリーは、チャップマン大学の物理学部とコンピュータサイエンス学部と工学部で講義をしている人だ。私たちは、彼とヤキールがチャップマン大学で共同で進めた、量子力学の再定式化に関する研究について話したが、この研究によって、時間の本質について全く異なるイメージが提供されるようになっていた。一連の研究を、『エコノミスト』は次のように評した。「良いニュースは、現実が実在することだ。悪いニュースは、その現実が人々が思うよりはるかに奇妙であることだ」

私は夫妻に、人間の素晴らしい働きについて、とりわけ、暗黙知を使って新たな現実――発見、創造、再生、変革――の出現をもたらす個人および集団の力について、これからも探究を続けていくつもりであることを話した。

ジェフリーは、何年にもわたって私を導いてくれたすべての人と知り合いだった。スタンフォード研究所のウィリス・ハーマンとも、一九八〇年代に出会った医師のラリー・ドッシーとも、シェルに関してロンドンでともに仕事をしたイギリスの生物学者ルパート・シェルドレイクとも、パリのエコール・ポリテクニーク（理工科学校）の認知科学の教授であるフランシスコ・ヴァレラとも。ヴァレラの研究について、ジェフリーはきわめてよく知っていた。

私たちは、ボームの教えを受けた最先端を行く科学者たち――ボームの理論を発展させ、新たな理論を証明している科学者たち――について、時間を忘れて語り合った。ジェフリーは、ボームの仕事仲間の一人で、ジェフリーがよく知る人物、ブライアン・ジョセフソンのことも話してくれた。ウェールズの物理学者で、三十三歳のときにノーベル賞を受賞した人である。量子状態の非局所性に関するベルの定理の実効性を研究した、著名な科学者の一人でもある。今は退職しているが、かつてはケンブリッジ大学の教授を務め、凝縮系理論研究グループにおいて精神物質統合プロジェクトをリードしていた。

ジェフリーの話はさらに続いた。ジョセフソンは「nullius in verba（誰の言葉も信じない）」という方針をとり、こう言っていたという。科学者が口をそろえてある考えを否定したとしても、それをその考えが間違っている証拠として考えるべきではない。むしろその考えの根拠を注意深く調べ、詳細な調査に耐えうるほどしっかりしたものかどうか判断するべきである、と。ジョセフソンは、ベルの定理に関して細かく書いていて、空間的に離れたところにあるもの同士の直接的なつながりの存在を明らかにした。そして、ベルの定理はきわめて現実的、具体的、実際的な面で役に立つかもしれないと論じた。離れたところにあるもの同士に影響し合う力があることは、テレパシー（ある人の精神と別の人の精神が直接つながる）やサイコキネシス（精神が物質に直接影響をもたらす）のような現象に関する実験によって直接的に示される。いずれも人間の驚くべき機能を示す例である。

ジェフリーによれば、これらの現象はどちらも伝統的な科学によって無視されることが少なくないが、重要な研究を扱う最近の出版物はそうした科学者に見方を改めることを促しているという。彼は、これからも私が探究を続けていくために、まずプリンストン大学の工学部長で名誉教授でもあるロバート・G・ヤーンと連絡を取ることを勧めてくれた。そしてこう言った。ロバート・ヤーンのことはよく知っている。この分野で彼はまさに権威だ。実は先日、妻と二人でヤーンとその研究者仲間のブレンダ・ダンに会ったところだ、と。ジェフリーはヤーンの連絡先を教えてくれたが、その場所で私はボームやヴァレラをはじめとする人々が説明してくれた状態、すなわち「ほかの人たちと深く結びつくことのできる、扉がひらいた状態」を探究する最終段階に入ることになった。

❖

私は、朝食を食べながらジェフリーとその妻ジェーンとの会話を終えるとパーリをあとにし、フィレンツェまで車を走らせ、帰国の便に乗る前にそこに一泊した。ホテルの部屋で、私はそれまでの数日間に起きたすべてのことをじっくり考えた。そして心に誓った。私たちはつながり合う世界に生きているのだという確信をもたらしてくれた昔の研究ノートや本をもう一度よく読み返そう。ロバート・ヤーンとブレンダ・ダンに連絡を取ろう、と。そしてその両方を、私はバーモント州の自宅に戻るとすぐに実行した。

❖

パーリでの経験をじっくり考えたとき、行われた会話の質の高さに、私は衝撃を受けた。あの場には、科学の最先端を行く人々が勢ぞろいしていたのだ。しかし、現代物理学の中でもとくに複雑でやっかいな問題に関する彼らのプレゼンテーションは、情熱と感情に満ちていた。アンドリューが言ったように、詩的で、美しい音楽のようだった。私はゼロックスPARCでブライアンが言ったことを思い出した。「合理的には説明できないことを、本当にたくさん見てきました」。そして科学についてこう述べた。「私たちは根本的なことを何も知ってはいません……科学が知っていると言うのは思い上がりです。何も知ってなどいないのです。科学はまず、いくつかの不思議な未知のものに出会います。未知のものに出会い、一部分にラベルを貼り、その下に何本かの糸を結びつけ、それらの糸にしがみつきます。でも、糸はどんなものにも結びついていないのです」
研究ノートを読み返すうちに、私は複雑性理論の考え方に関して、ブライアンが観察と科学的探究のかつてない方法として述べていたことに目をとめた。

複雑性理論は実のところ科学の新たな動きです。従来の科学というのは世界を機械的なものとしてとらえる傾向があります。そういう種類の科学はものごとをどんどん詳細に調べていきます。生物学なら、研究はまず生命体の分類から始まり、次いで生命体の機能、器官そのもの、細胞、細胞小器官、タンパク質と酵素、代謝経路、そしてＤＮＡというように進んでいきます。これが、どんどん細かくしていく還元主義者の考え方です。これに対し、複雑性理論に従って考えると正反対の方向に目を向けることになります。こう問うのです。「これらのものはどのように集まっているのだろう？」「相互に作用するこれらの要素からどのようにパターンが現れるのだろう？」 複雑性は、相互に作用する要素を見て、それらがどのようにパターンを形成し、そのパターンがどのように姿を現すのかを問います。指摘しておくべきは、そのパターンには決して終わりがないかもしれないという点です。それは無限なのです。従来の科学でそうしたものに出くわしたら、大半の科学者が拒否反応を示します。科学は果てのない新しいものを好まないのです。

その日、ゼロックスＰＡＲＣで、ブライアンはこう述べていた。

どのようなテーマでも十分な深さまで掘り下げると、哲学の領域に入ります。もっとも、哲学は私たちが未知のものに取り組むための手段です。哲学が扱うのは既知のものではありません。未知のものです。哲学は新しい領域を開拓するために送り込む探検家のようなものなのです。

こうしたことすべてに関して私が主張したいのは、私たちは西洋科学という複雑なものをつくってきて、たまたまいくつかのこと、たとえばCT撮影や衛星による誘導や原子炉の設計などに関して成功しています。しかしそれによって、私たちが世界を本当に理解していることが示されているわけでは全くありません。理解していると思う人がいるとすれば、それは科学を理解していない人だけです。ボームやアインシュタインのような、本当に科学を理解している人なら、こう言うでしょう。薄い層ほどのものを、私たちは理解できている。しかしその層のほかには、私たちは自分がどんな世界にいるのか知ってはいない、と。

パーリでの会話では、「科学は確かなものではない」という考え方が基調になっていた。バジルたちは私にこう言った。ボームは科学を絶対的に正しいものとして見ることに反対していた――ボームはいつも謙虚に話をしていた、生命そのものを含めどんなことに対しても自分のアプローチに間違いがないか問い直す気持ちを忘れず、あらゆる可能性に対して心をひらいていた、と。バジルはこうも言った。「ボームが私に答えをくれることはありませんでした。彼は私を力づけ、私のために扉をあけてくれました。彼は彼の話を聞く相手に、発見の旅に出る力を必ず与えてくれたのです」

❖

ロンドンでボームと話している間ずっとテーマになっていたことの一つは、ボームが「人類全員が一同に会する場づくり」と呼ぶものだった。ボームによれば、私たちは全員がつながっていて、考えや知覚に満ちた生活領域で活動しているのだという。「あなたは、自分の意思や存在の仕方によってその領域に影響をもたらすことができるのです」

一九八九年にロンドンへ戻る少し前に、私はルパート・シェルドレイクに出会った。イギリスの生物学者で、場の理論についていっそう多くのことを私に教えてくれた人である。シェルドレイクとボームは何度も会い、手紙も頻繁にやりとりしていた。シェルドレイクは、宇宙の仕組みについての二人の考え方はよく似ていると思っていた。たとえば、場の意識というシェルドレイクの考えは、ボームの考えと同様、非局所的知性《ノンローカル・インテリジェンス》の連続体であり、空間と時間をすり抜けることを示唆していた。また、私たちの「拡張された精神」は生物学的本質の一部である、とシェルドレイクは考えている。

シェルドレイクの研究によれば、周囲の人とさりげなく絶えずやりとりする人間の能力は、ほかの種にもあるものだという。また、人間のそうした精神の特徴は、進化の過程に基づくものらしい。シェルドレイクの著書『あなたの帰りがわかる犬』（工作舎）には、飼い主がいつ家路についたか驚くほど正確に察知する犬や猫についての分析が書かれている。事情の如何にかかわらず、察知するのだ――ふだんと全く違う時間だろうと、緊急に帰宅することになった場合だろうと、短期間あるいは長期間留守にしたあとだろうと。そうした事例は、家に帰るという飼い主の意思に動物が反応していることをはっきり示している。それは「形態形成場「システムの形態や行動パターンは、直接の接触がなくとも空間的・時間的に他のシステムや行動に影響を与える、というシェルドレイクの仮説」」の一例であり、そこから私は遠隔透視に関する科学的研究を探究していくことになる。

21

遠隔透視

人間には、距離に関係なく、どんな場所でも見通す潜在的な力がある。

人間が曰く言いがたい意識レベルでつながり合えることを私に初めて教えてくれたのは、ウィリス・ハーマンだった。リーダーシップ・フォーラムにかかわっていた一九八〇年代はじめと、ロンドンのロイヤル・ダッチ／シェルにいた一九九〇年代はじめのことで、遠隔透視に関する情報のほとんどが、声をひそめて言わなければならないことではなくなったころだった。一九八〇年に会ったとき、ウィリスはノエティック・サイエンス研究所（アポロ十四号に搭乗した宇宙飛行士で、月面に上陸した六人目であるエドガー・ミッチェルによって設立された）の所長に任命されていた。それまでの二十年ほどは、スタンフォード大学の付属機関である科学的シンクタンク、スタンフォード研究所（ＳＲＩ）の幹部だった。ウィリスは一九七〇年代はじめ、すなわち、さまざまなアメリカ政府機関（国防総省、陸軍、海軍など）がＳＲＩで研究プログラムを開始した頃に始まった「遠隔透視」の研究について話してくれた。行われた実験は物理学者のハロルド・パソフとラッセル・

タ－グによって開発されたものだった。

政府機関は、人間が遠く離れた戦略的に重要な場所を、どのような遮蔽物があろうとそれを透かして「見る」ことができるのかどうか判断したいと思っていた。そして、離れていて、通常の感覚では見聞きできない物や出来事を知覚する人間の能力を調べた。そうした実験では、「映像の送り手《エージェント》」となる人が、任意に選ばれた遠隔地へ行く。一方、もう一人の人（遠隔透視者、つまり「知覚する」人）はラボにとどまり、「エージェント」の行き先を知る人とは一切接触できないようになっている。そして所定の時間になると、ラボにいる知覚者は、エージェントが今どこにいて何を見ているかを述べるのだった。

実験では、人間には距離に関係なく、どんな場所でも見通す潜在的な力があることが示された。しかし、パソフとタ－グによってイギリスの雑誌『ネイチャー』で発表された実験に関する記事は、伝統的な科学者集団の間で批判にさらされた。その後公開された映画「ヤギと男と男と壁と」も、遠隔透視という「考え」をからかうようなものだった。長年にわたって、私には疑り深い人たちの意見を見聞きする機会がずいぶんあった。そして、彼らの疑り深い態度は、自分たちの制限的な信念体系を見直したくないという気持ちに大きく起因していることがわかるようになった。しかし、『ネイチャー』の記事に対する批評が詳しく検討されると、報告された実験結果をパソフとタ－グがきちんと説明できていないことが明らかになった。

一九八八年に、一九七三年以来ＳＲＩで続けられてきたすべての遠隔透視の実験について検討が行われた。十六年以上にわたって実施された二万六〇〇〇を超える個々の実験を含め、一五四の実験結果に基づいて分析が行われたのである。この分析の統計学上の結果として、失敗の可能性は一〇〇京に一つ以上の可能性はないことが示された。ただ、一連の実験結果に対する有効な説明は、今でも一つもないだろう。

SRIの研究はのちにほかの科学者たちによって改善されてふたたび行われた。プリンストン大学変則工学研究所（PEAR）は一九七六年から一九九九年にかけて六五三の公式な遠隔透視の実験を行った。これらの実験によって、ロバート・ヤーンとブレンダ・ダンは、SRIの研究を立証する肯定的な証拠が得られたと考えた。三三〇〇万に一つほどの失敗の可能性があることが示された、と結論したのだった。

SRIでの遠隔透視の研究について話しているとき、ウィリスはこう言った。はじめはきわめて優れたテレパシー能力者に協力してもらっていたが、やがて「街でスカウトしたふつうの人」に参加してもらうようになった、と。意義ある偶然と言うべきことには、二〇〇一年、仲間と『出現する未来』を書き始める直前に、私は「きわめて優れた」テレパシー能力者の一人で、ウィリスに協力したという人に出会った。そして彼は私に遠隔透視を実際にして見せてくれた。

❖

私が初めて遠隔透視を経験したのは、二〇〇一年のはじめに、ブラーマ・クマリス（BK）――世界一〇〇カ国に一〇〇万近いメンバーがいる、創立七十年になるスピリチュアルな組織

――の共同代表であるダディ・ジャンキに、ロンドンで出会ったときだった。ダディは、側近の一人、シスター・ジャヤンティを連れていた。ヒンズー語を第一言語としているダディにとっては通訳でもある。私は一九九七年の秋から、世界中の革新的アイディアの実践者（ソートリーダー）が集まって年に一度ひらかれるダイアローグに参加していた。主催者はBKとピーター・センゲ。目的は「この時代の使命」――今という根本的な変化の時代に私たちが負っている、集団としての責任――を探ることである。私はダイアローグが行われるラジャスタンにひと月早く入った。そして、人類が直面している差し迫った問題をともにもっと深く探りましょう、とダディから提案を受けた。

私たちは毎日、深遠なダイアローグをして過ごした。三日目に、ダディがメンバーの誰かと話をしに席を立った。私はジャヤンティと軽く世間話をし、それから、今私に聞かせてくれているような英知をダディは公の場で話したことがあるのかどうか尋ねた。

「ええ、ありますよ」とジャヤンティは答えた。「ときどきしています。近いものでは二、三年前にロイヤル・アルバート・ホールで話しました。ユリ・ゲラーと舞台でダイアローグをしたんです」

「ユリ・ゲラー！」思わず大声になった。「噂には聞いています。ぜひ彼と話をしたいものです。これから書く本のまさにテーマとなることについて多くを学べるかもしれません」

そのときダディが戻ってきて、私はたった今ジャヤンティと話していたことを伝えた。ダディは耳を傾け、公の場でユリ・ゲラーと話すのはたしかに興味深いものだとうなずいた。それからまたダイアローグに戻ろうとして、ふとダディは言った。「でももう二年以上ユリとは連絡を取っていないのですよ」

私たちはふたたびダイアローグを始めた。ところが五分ほどして電話が鳴り、ジャヤンティが受話器を取った。ダディもジャヤンティも眉をひそめていた。私たちのダイアローグをさまたげないよう、強く指示してあったからだ。私たちはダイアローグを中断し、ジャヤンティが電話の向こうのスタッフに言った。「決して邪魔をしないようにと言ったのに。いったい誰からなの？……えっ」。ジャヤンティは送話口を押さえ、ダディをじっと見て言った。「ユリ・ゲラーからだそうです。あなたと話したい、と」

私はもう少しで椅子から転げ落ちるところだった。ダディが息を漏らした。

ジャヤンティが促した。「出たほうがいいのでは」

ダディは受話器を受け取って応えた。「もしもし、ユリ……ええ……今ダイアローグをしているところ……大丈夫、迷惑なんかじゃないわ」。そしてしばし相手の話に耳を傾けたあと、こう言った。「オーケー、ユリ、いつもの古い家に七時に来てください。瞑想を終えて、そのあと彼に会えますよ」

ダディが説明してくれた。「わたしたちが誰とダイアローグしているのか知りたいそうです。あなたに会うことが大切だ、とも言っていました。それで段取りをつけました。あなたの仕事にもいい影響があるかもしれません」。控えめに言っても、このシンクロニシティは驚くべきものだった。ところがダディたちはそれほど驚いている様子ではなく、私たちはまたダイアローグを始めた。

午後六時頃、私たちは小さな家へ向かった。もう二十年以上前になるが、ＢＫはその家でロンドンでの活動を始めたのだった。先刻の約束どおり、私たちが瞑想を終えたのちに、ユリ・ゲラーが到着し、案内されて部屋に入ってきた。ユリと私が打ち解けると、ダディの提案で、まずはみなで話をし、その後ユリと私はＢＫユニバーシティのダイニングルームで夕食をともにすることになった。

ユリと私は、私が宿泊しているユニバーシティの広い誰もいないダイニングルームへ行き、夕食を食べながら長く意義深い会話を始めた。ほとんどすぐに、ウィリス・ハーマンが共通の友人であることがわかった。ユリ・ゲラーは遠隔透視の研究が行われている間、一九七二年の終わり頃から一九七五年のはじめまで、ＳＲＩでウィリスやハロルド・パソフやラッセル・タークといった科学者たちに協力していたのだった。

一つのことからまた次のことへとつながっていき、やがてユリが遠隔透視をして見せてくれることになった。私はノートのページを二枚はぎ取り、できるだけ独創的で複雑なデザインを描くように言われた。描き終えたら、紙を見てデザインに集中してほしい、という。それと同じデザインを、ユリは私が渡したもう一枚に描くのだ。ユリがダイニングルームの反対側へ歩いていき、私たちは互いに背を向け、そして私はデザインを描き始めた。広い部屋の、ユリと正反対の場所に、私は完全に一人でいた。

私はこのちょっとしたデモンストレーションを経験する機会に興味を惹かれると同時に楽しんでもいた。ユリが賛否両論を呼ぶ人物であることや、彼の超能力を疑う人が大勢いることは、一応知っていた。しかしウィリスの話から、ユリはきっと私のデザインを「見て」同じものを描くだろうと思っていた――ウィリスから聞いた昔ながらの「遠隔透視」、すなわち絵を描く実験のとおりに。しかし予期しないことが起きた。私が描き終えると、ユリが私のそばまで歩いてきて、自分の描いたものを見せた。思ったとおり、同じデザインだった。私は笑みを浮かべた。そのときユリが、私の紙と彼の紙を裏合わせに合わせて近くのフロアランプのほうへ行ってみてほしい、と言った。二枚を「よく調べる」ようにというのだ。私は言われたとおりにした。すると、なんと二枚は寸分違わず同じだったのである！　二枚の絵には一ミリの違いもなかった。これはすごい、驚きです、と私は言った。

それからさらにしばらく話をしたのち、私は、彼が大勢の前で何度も見せてきた超能力であるサイコキネシス（「テレキネシス」といわれることもある）について質問をした。また、乱数発生器を使った精神感応をはじめとする実験のことや、優れたスポーツ選手が、たとえばアメリカンフットボールで「ボールが受け手の手に落ちるのが〈見える〉」と言ったりゴルフで「ボールが穴に入るのが〈見える〉」と言ったりすることについても話した。私たちは、ボームのことと、彼が二十年前にロンドンで私と会話を始めてすぐに投げかけた、「精神とは何か。精神の、物質との関係はどういうものか」に関する一連の問いについても話し合った。

夜が更け始めていた。ともにドアのほうへ歩いていくときに、若者がまだ数人残っているテーブルのそばを通りすぎた。するとユリが言った。「こっちに来てください――おもしろいものをお見せしましょう」。そしてテーブルに置いてあった大きなスプーンを手に取り、手のひらにのせ、一心不乱に見つめた。数秒で、スプーンが曲がり出し、「U」字へ向かって丸まり始めた。するとユリはスプーンを、私の手のひらにのせた。スプーンは、私の手のひらの上で、なおも丸まっていく。柄《え》の曲がりによってできている「Uの底」は、触れるととても温かかった。熱いと言ってもいいくらいだった。ユリは微笑み、そのまま持って帰れるよう計らってくれた。そして、これからもやりとりを続けたいですね、と言った。私たちは連絡先を交換し、さよならと挨拶した。今、スプーンは、私の書斎に置いてある。

22

人間の意思の強力な性質

私たちは私たち自身の緊密なつながりを、
意思やあり方を通して、
周囲の世界へ広げる力を持っている。

熟考したり調べたりしていたその時期に、私はプリンストンのヤーン博士とダン博士に手紙を書き、パーリでの会議のことと、ジェフリー・トーラクセンとその妻ジェーンに二人に会うよう強く勧められたことを伝えた。私たちは電話会議をすることになった。そして、一回目を行ったことによってさらに数回行うことになった。

最初の頃の会議で、私は彼らが長年行ってきた研究に関して、とりわけ非局所的な意識——物理的実在に作用する人間の意思——の影響に関して、参考資料のリストをもらえないかと頼んだ。私がとくに興味を惹かれていたのは、彼らがプリンストン大学変則工学研究所（PEAR）で行った研究だった。

ヤーンは一九七九年にPEARを設立した、と二人は言った。現代の工学的活動に共通する精度の高い物理的装置やシステムやプロセスを使うことによって、人間の意識の相互作用について厳密な科学的研究を続けていくためだった。そして、二十五年以上にわたって、彼らは複数の分野の協力者（工学者、物理学者、心理学者、人文科学者）を得て、包括的な取り組みを行い、補足理論的モデルを開発して、ボームが私に話したことやみなでパーリで考えたこと――物理的実在の確立における意識の役割――に対する理解を深めようとしてきた。

ヤーンとダンは、ＰＥＡＲでの研究に関して三十ほどの論文や書籍を挙げ、ありがたいことにそのいくつかを送ってくれた。私は、彼らが送ってくれたものも話してくれたこともすべてを吸収し始めた。その過程で、ＰＥＡＲの研究にテーマを絞った『エクスプロア』の特集号を見つけた。それは、一九七九年以降そのプログラムから生まれた、査読された出版物や専門的なリポートや論文が集められたものだった。この特集号のおかげで、私はＰＥＡＲが行ってきた驚くべき研究の概略と意味がわかるようになった。また、それがきわめて興味深いものであることもわかった。最初の論文が私の親友、ラリー・ドッシー博士によって書かれていたのである。

❖

私がラリーに出会ったのは一九八三年、アメリカン・リーダーシップ・フォーラムの支部開設を検討するためにダラスを訪れたときのことだった。ダラスの市長と多くのビジネスリーダーやコミュニティリーダーが集まっていて、私は広い部屋をあちこち巡っているときにラリー――そのときはまだ誰だか知らなかったが――のほうへも行き、自己紹介した。少し言葉を交わすうちに、私は唐突にボームの名を口にした。そして、ラリーがボームを熱心に研究していて、『全体性と内蔵秩序』やボームが書いた、あるいはボームについて書かれた論文なども読んでいることがわかった。その瞬間、彼との間に重要なつながりが生まれ、以来私は、人間の目を見はるような機能を理解しようとさらに探究を続ける中で、彼の助言や示してくれる方向性を頼りにするようになった。

出会ったとき、ラリーはダラス市立病院の医局長で、市内最大の内科医グループとなるダラス診断協会の設立を手伝っていた。ベトナムでは大隊の主席軍医を務め、勇敢さをたたえられて勲章を与えられている。ラリーと私は長年にわたって、戦場という状況が集団の意識を高めうることについて話し合ってきた。

二〇〇〇年、「同盟」プロジェクトのためにリサーチを行っているときに、私はオットーを連れてラリーとその妻バーバラと一緒に半日を過ごしたことがあった。インタビューのこの部分を、私は決して忘れないだろう。自己と他者の間の境界が消えることと、新しい現実がどのように現れるかについて話していたときのことだ。私はこんな質問をした。「誰かのために厭わず命をかける気持ちはどこから来るのでしょうか」

「人はなぜ、誰かのためにみずからの命を実際に危険にさらすのか、その疑問にはずっと当惑させられてきました」とラリーは答えた。「ベトナムから戻ったとき、ジョーゼフ・キャンベルの『神話の力』（早川書房）を読みました。キャンベルはショーペンハウアーが書いた小論文について語っていますが、そこで同じ質問がなされています。『危機的な状況にあるときに、人間に、誰かほかの人のために命を投げだそうとさせるものは一体何なのか？』彼の答えはこうです。その瞬間、彼らは二人の人間ではなくなっている。一人の人間になっているのだ。つまり、その人は相手を救うのではありません。自分がもはや相手から切り離された存在ではないことを、完璧に理解したのです」

年月が経つにつれ、ラリーは健康と医療における精神の役割にますます興味を惹かれるようになり、そのテーマについて九冊の著作と数多くの論文を世に出した。それらすべての根底にある性質は、科学的な正当性であり、「データが示すもの」に徹底してこだわることだった。結果として、全米の医学部や病院にいる仲間たちに信頼され、考えを話してほしいと求められるようになった。彼は、ハーバード、ジョンズ・ホプキンス、コーネル、メイヨー・クリニックなど主要大学の医学部や病院をはじめ、世界中で講演をしている。その活躍の影響は目を見はるばかりだ。一九九三年に『癒やしのことば』（春秋社）が出版される前は、健康に対する祈りの役割を探究する授業を行っている医学部はアメリカに三つしかなかった。それが今では八十の医学部がそうしたコースを設けており、その多くが彼の著書をテキストとして使っているのだ。また彼は、「非局所的精神《ノンローカル・マインド》」という概念を、意識の出現するイメージとして取り入れた。こうしたことすべてが理由で、私は『エクスプロア』の冒頭にあるラリーの論文を非常におもしろいと思ったのだった。

ラリーの論文には、ＰＥＡＲの研究の概略と、その研究が人間の幸せにとってきわめて重要である理由が示されていた。ラリーはこう述べている。意識の現れ方を調べるにあたり、PEARのチームは乱数発生器を使って、この手のデータベースとしては世界最大のものを生み出してきた、と。乱数発生器は、研究用途に応じて、ランダムさに必要な統計学的条件を満たす数を生み出す、コンピュータプログラムである。乱数発生器は定期的にテストをして、電磁気、電気通信、その他あらゆる種類の電子妨害の原因から守られていることが確認される。そのため、表か裏かという通常の五分五分の可能性からいささかなりとずれていれば、それは系統誤差の結果ではなくむしろ有意ということになる。

二十七年にわたってPEARの研究が行われる中で、参加者――ふつうの人ではなく、たぐいまれな才能を持つ超能力者――たちは、遠隔操作しようという意図によって、すなわち意思に基づく行為によって、乱数発生器のランダムな動きに影響をもたらせるようになった。意思の力で表か裏かを発生器に表示させようとした場合、参加者はかなりの確率でなんらかの影響をもたらすことができたのである。

もしあなたが、PEARの科学者二人と同様、すべての研究を合わせて「メタ分析」をしたとしても、事実の全体が見出される可能性はほぼゼロである。

ラリーはこう言った。「意識の現れ方を調べるにあたり、PEARのチームが長年にわたって示したアイデアや精密さや勇気は、おそらく科学史上、際立っていると言えるでしょう。熱意や大胆さや規模の大きさの点では、マンハッタン計画をさえ上回るかもしれません」

『エクスプロア』に掲載されているすべての専門的なリポートや査読された論文を何度も読み返

し、ヤーンとダンのリストにあった参考資料を読んだのちに、私はこう結論した。これらの科学的研究は、ボームの言う宇宙の「完全なる全体性」を最終的には肯定している、と。そして、これは私の理解への旅において重要なステップになると思った。私たちは私たち自身の緊密なつながりを、意思やあり方を通して、周囲の世界へ広げる力を持っているのである。

23

集団の緊密なつながり

結果としてわかるのは、数百万から数十億の人が結束して意識を集中すると、物理的な結束、つまり世界の秩序も強まるということです。

——ディーン・ラディン

私がヤーンとダンに会うより前に、ジェネロンはPEARの主要な科学者の一人、ディーン・ラディンと仕事をする機会があった。スーザン・テイラーと私がグローバルな製薬会社の幹部チームと協力し、Uプロセス・イノベーション・ラボを共同でデザインしていたときのことである。デザインチームは三日にわたってさまざまな分野の多数の科学者やソートリーダーに会い、人間の劇的な変化に焦点を当てて取り組んだ。ラディンはそうした科学者の一人だった。そして、一〇〇枚を超えるパワーポイントのスライドを用意し、キャリアをかけて取り組んできた仕事の核心部分を映像で見せた。彼は、スタンフォード研究所で行われた遠隔透視の研究プログラムでウィリスと一緒に仕事をした。またヤーンとダンの二人とも、長年にわたってPEARで、さらには高度データ通信システムに関してAT&Tベル研究所で、ともに仕事をした。これまで二十年以上にわたり、人間の目を見はるような機能について研究を重ねている。また、二冊の著書『意識をもつ宇宙』（*The Conscious Universe*）と『量子の宇宙でからみあう心たち』（徳間書店）は仲間の研究者や専門家から高い評価を得ている。

私たちとの多くの電話会議や私たちへのプレゼンの中で、ラディンは「場がもつ意識についての研究（field consciousness studies）」として知られるものについて述べた。これは一九九〇年代半ばにPEARのロジャー・ネルソンがつくった言葉である。この研究の核心は、集団の行動が乱数発生器の結果に影響をもたらすのかどうか、もたらすとすればどういう状況においてかを突きとめることだった。今日のテクノロジーによって、科学者はきわめて精密で持ち運び可能な乱数発生器をつくれるようになっている。研究者たちはこうした持ち運びのできる乱数発生器を、瞑想やボームのダイアローグのような高い集中力が求められる活動に集団で取り組む場へ持っていった。そうした現地実験は一九九五年頃からアメリカやヨーロッパや日本で実施されてきた。一〇〇回を超えるそれらの実験では、集団は実のところ近くの乱数発生器に影響を与えるらしいことが示されている。実験は、芝居や科学会議、アメリカ先住民の儀式、日本の祭り、スポーツの試合、テレビ中継などの場で行われた。

その結果わかったことが驚くべきものだったため、ネルソンは一九九七年に世界意識《グローバル・コンシャスネス》プロジェクト（GCP）という国際的な研究プロジェクトを開始した。ネルソンと仲間たちは乱数発生器の、インターネットを使った世界規模のネットワークをつくった。二〇〇五年までには、世界各地にある六十五の乱数発生器が使われ、場の意識に関する実験が間断なく行われることになった。結果は絶えず集められ、インターネットを経由してコンピュータに送られ、蓄積・分析される。二〇〇五年四月までに、ネルソンとその国際的な科学者チームは、自然災害や新年の祝賀行事、テロ活動、大規模な瞑想、スポーツのイベント、戦争の勃発、有名人の悲劇的な死など、世界的な関心の集まるおよそ二〇〇の出来事を分析した。多くの場合、予測された影響が世界各地の乱数発生器に現れていた。

分析された出来事の中で圧倒的にドラマチックだったのは、二〇〇一年九月十一日のものだった。その日、世界各地の乱数発生器が全くランダムではない動きを示したのだ。GCPネットワーク中の発生器において、二〇〇一年のその日に、乱数の最も大きな落ち込みが起きたのである。GCPチームはわかったことを『物理学基礎通信』に発表した。チームの分析によれば、世界中の乱数発生器が示す一分ごとの統計値の動きは、テロ攻撃の一連の流れに一致しているという。その動きはランダムではなく、アメリカ東部夏時間の午前五時頃に始まって十一時頃、最大値になり、およそあり得ない極端な異常値を示したまま夕方になった。ラディンは、ランダムではないその変動はすなわち、その日起きた人間の集合的な注意の変化だ、と私たちに言った。

一九九八年八月から二〇〇五年四月まで続いたプロジェクトの研究に関して、ラディンはこう結論した。「結果としてわかるのは、数百万から数十億の人が結束して意識を集中すると、物理的な結束、つまり世界の秩序も強まるということです」。ロジャー・ネルソンも次のように同意している。

私たちは、しっかりとした説明の根底にあるべき理論的解釈を持ってはいない……しかし一つの推論を述べたいと思う……乱数発生器は世界意識の反応をとらえている、と。……この科学的研究の結果は、われわれはみなつながり合っている、われわれが考えたり感じたりすることは他人に影響をもたらすという古くからの考えを、はっきりと示すものなのだ。

❖

熟考を重ねていたこの時期の終わりに、私は、最終的には四つになる原理のうち最初の二つを打ち立てた。この二つには、一九八〇年ロンドンで初めてボームに会って以降に学んだことすべてが反映されている。

[1] 宇宙にはひらかれた、出現する性質がある。

一連のシンプルな構成要素が、新しい性質を持った新しい統一体として、自己組織化という、より高いレベルで突然ふたたび現れることがある。そうした出現する性質について原因も理由も見つけることはできないが、何度も経験するうちに、宇宙が無限の可能性を提供してくれることがわかるようになる。

[2] 宇宙は、分割されていない全体性の世界である。物質世界も意識も両方ともが、分割されてい

ない同じ全体の部分なのだ。

存在の全体は、空間と時間それぞれの断片——一つの物であれ、考えであれ、出来事であれ——の中に包まれている。そのため、宇宙にあるあらゆるものは、人間の意思やあり方を含め、ほかのあらゆるものに影響を及ぼす。なぜなら、あらゆるものは同じ完全なる全体の部分だからである。

自分の導き出した結論に満足してはいたが、なお二つの重要な疑問が残っていた。知とつながって、その瞬間に必要な行動をとれるようになる私たちの力の源泉は何なのか？　どのようにすれば、個人としても集団としてもその力を発揮できるようになるのか？

24

実在の源泉《ソース》

無限の可能性を持つ常に創造的な源泉《ソース》があり、
時間の秩序に関係なく存在している。
——デヴィッド・ピート

二〇〇八年十一月に、私はプリンストンへ行き、ヤーンとダンとともに一日を過ごした。二人とはそれまでに電話で何度も話していたので、型どおりの挨拶も自己紹介も必要なく、実際私たちは互いのことについて、そして世界における自分たちの仕事について、かなりの知識を持っていた。その日の大半を、私たちはヤーンの家で過ごした。プリンストンを退職して以来、ヤーンがものを書く仕事のほとんどをしている場所である。ボームと同様、ヤーンも非の打ち所のない業績の証というべきものを持っていた。プリンストン大学の、航空宇宙科学の名誉教授であり、工学・応用科学部名誉学部長でもあった。五年を任期とする部長を三期連続して務め、高度航空宇宙推進システムにおける主要な研究プログラムを、NASAや空軍やさまざまな企業の協力を得て四十年以上にわたってリードした。二十八年の間、PEARのリーダーでもあった。きわめて正確に、また威厳を持って話をしたが、ボームと同様、態度には仕事への思い入れと自分の仕事が社会に及ぼす影響に対する気遣いがうかがえた。ヤーンは情愛の豊かな人なのだった。

ブレンダ・ダンは発達心理学者（もとはシカゴ大学）で、PEARの研究を全領域にわたって管理・リードし、客員研究者や学生インターンの研究プロジェクトを監督した。彼女がヤーンとそのライフワークに尽くしていることが、私には最初から手に取るようにわかった。彼女はヤーンと同様、細部にまで神経を使う完璧主義者だった。また、驚くことではないが、やはりあふれる情熱と、社会のために仕事をやり遂げようとするどこまでも献身的な気持ちとを併せ持つ人だった。

私たちは多くの時間を割いて二人の仕事の本質を探究し、私は二人の世界観がパーリに集まった科学者たちのそれと完全に一致することを確認した。二人によれば、PEARの研究から得られた、おびただしい数の説明不可能な結果は、「精神と物質が融合する」実在を理解することから生じているという。今後の研究では、「曰く言いがたい、根源的な源泉《ソース》」といかにつながって活用するかという点に焦点を当てる必要がある、とも二人は述べた。

その日、二人との会話の中で感じられた調和は、ロンドンでボームと、ゼロックスPARCでブライアン・アーサーと話したときと同じものだった。得も言われぬハーモニーという贈り物を与えられていることを感じたのだ。その状態は優美としか表現のしようがない。私は、明快きわまりない言葉によって、長い間求め続けていた正確な理解と包括的な枠組みを受け取っていたのである。次に示すのは、二人の意見から私が導き出した結論をまとめたものだ。

●人間の知は、生理学的な脳の中では完全には処理されない。むしろ脳は、はるかに広範な個人の「精神」や「意識」の役に立つ有用性を神経学上、局所に制限されているものである。

●源泉《ソース》と人間の精神（意識）との間では情報が絶え間なくやりとりされている。しかし厚いフィルターにかけられるため、精神は、存在する真の根源的な秩序の複雑さや広さを、ほんのわずか垣間見ることしかできない。

●私たちは、源泉《ソース》と生き生きとしたダイアローグをし、共鳴する意思疎通のチャネルをつくることができる。源泉《ソース》から情報を引き出すだけでなく、源泉《ソース》へ情報を送れるようになるのである。これは訓練と自己鍛錬によって達成されるものであり、精神と源泉《ソース》はこれまで予想されていた以上にコミュニケーションを図れるようになる。

●受信用のチャネルは、情報のやりとりを可能にし、より豊かなものになるよう、調整することができる。

次に、源泉《ソース》との意思疎通を高めるのに絶対に欠かせないものを六つ挙げる。

[1] 全体を見渡す力

他の視点からの見方に、つまり別な現実があり得ることに心をひらく。マイケル・レイの言葉を借りるなら、古いメンタルモデルや自分自身の内なる判断の声を脇へ置き、手放す。これには、強い意志を持って行動し、昔ながらの集合的な信念体系という安定から抜け出す必要がある。

[2] メタファーの魔法

さまざまな学問分野のメタファーを使って、目の前の課題について認識される状況を、その課題が不可能に思われる状況から可能な状況に変える——たとえそんなことはできそうにないと思えたとしても、である。離れていても感覚を「受け取れる人」たちによれば、何も映っていないスクリーンをじっと見つめて、これから始まる映画を「見て」待つのも一つの方策だという。

[3] 共鳴の役割（愛）

はっきりと、奉仕と自己犠牲と愛に拠って立つ。これはマルティン・ブーバーの言う「我-汝」の関係である。この関係においては、もとは別々だった二人の「私」が、共有される「私たち」になり、現実に対する認識や解釈を変えられるようになる。この共有される「私たち」は、（リー・ニコルが指摘したように）自己に対する定義も変える。すると、源泉《ソース》としっかりダイアローグを行えるようになり、ものごとが源泉《ソース》から生じる可能性が高くなる。

［4］不確かさの利用（身をゆだねる）

プロセスの結果にこだわらないようにし、代わりに不確定性とともに「流れていく」ことを選ぶ。ブーバーの言うように、「私」が望むようにではなく「現実が望むように、現実に現れさせる」こと。

［5］概念的相補性についての論証

偉大な物理学者ニールス・ボーアは次のように述べた。原子スケールの物理的相互作用において現れる波動・粒子の二重性は、この二重性を相反するものではなく「相補的なもの」――合理的な相互作用をそれぞれが示しており、また、その現象を完璧に説明するのに両方が必要である、という意味において――として見なすことによってのみ理論的に説明されうるのではないか、と。同様に、Uの底で源泉《ソース》とつながるとき、個人あるいは集団は新たな現実を明らかにする強い意志を持たなければならないが、同時に、新たな現実を「その現実が望むように」明らかにしようとしなければならない。ヤーンとダンは次のように述べている。「相補的な一対のもののうち究極はもちろん、意識それ自体と源泉《ソース》だ。意識は源泉《ソース》の中に深く浸かり、源泉《ソース》と重なり合って、あらゆる経験を生み出す。特徴も機能もとてつもない違いがあるにもかかわらず、意識と源泉《ソース》こそが、この宇宙を包み、すべての現実を生み出しているのだ」

［6］心のセルフマネジメント

自己変革のために、心を鍛えるためのツールを使おう。この分野について、私はウィリス・ハーマンや、フランシスコ・ヴァレラ、パーリで一緒だった科学者たち、ブライアン・アーサー、ジョン・ミルトン、ディーン・ラディン、ウィリアム・A・ティラー（スタンフォード大学物質科学工学学部長）とともに探究する機会があった。ヤーンとダン同様、全員が口をそろえてこう言った。瞑想や気功やヨガは、人が心を静め、源泉《ソース》とつながりやすくなる手段だ、と。そうした手段のどれもが、かつてない意識の状態を生み、受信用のチャネルを合わせ、源泉《ソース》との情報のやりとりを明快なものにする。たとえて言うなら、私たちはいわばラジオになって、帯域幅が広がり、多くの周波数を受信できるようになるのである。

❖

家に帰るとすぐに、私はヤーンとダンとともに過ごした重要な一日を日記に書き留めた。そして翌日、精神と物質の対話について、また新たな現実の出現について述べられている、以前読んだ文章を探し始めた。

見つけたのは、ヤーンとダンの話と見事に合致する二つの文章だった。一つは、驚くことではないが、デヴィッド・ピートの『シンクロニシティ』だった。そこでピートが述べているのは、人間と自然が分割できない全体を形成していること、そして精神と物質の知覚される二つの世界の間には橋があることだった。私たちの内なる世界は、精神や魂――直接経験、愛、喪失感、芸術や音楽、精神性――の仲間である。一方、物質やエネルギーの世界は、物理学や化学、素粒子、量子場の仲間である。しかしボームやピートやパーリに集まった物理学者が了解していたとおり、それらは一つの現実の二つの側面なのだった。

私はピートの本を何度も何度も読み返し、夢中になった。ヤーンとダンから聞いたことと重なっていたからというだけでなく、源泉《ソース》につながっているときに私が経験したこととまさに同じことが記されていたからだった。ピートの本から学んだことを、主なポイント六つにまとめてみた。

●無限の可能性を持つ常に創造的な源泉《ソース》があり、時間の秩序に関係なく存在している。それは、時間の秩序にとらわれず存在し、どんどん繊細さを増していく層の下——ここから精神と物質の秩序が現れる——に見出される。この唯一無二の根源的な源泉《ソース》こそが、絶え間なく永遠に宇宙を生じ続ける。それは、宇宙そのものの源なのである。

●この出現のプロセスの中では、一瞬一瞬に現在と、未来の種とが含まれる。自然の各プロセスの中に、全体が包まれているのである。

●創造的な瞬間の中で、顕前的なものと内蔵的なもの、精神と物質は分かちがたく結びついている。その瞬間に解放される創造的エネルギーは、たとえるなら、核反応で原子核の内部構造が変わって放出されるエネルギーのようなものだ。エネルギーは新たな可能性へと向けられる。未来とその無限の可能性が、創造的な変化に対してひらかれるのである。

●人間の自我が誠実な心とものごとをありのままに（すなわち、相互につながっていて意味に満ちていると）見る決意を持たないなら、創造性は遮断されてしまい、現在のパターンが未来へと現れ続けていくことになる。

●ある特定の瞬間の意味、つまり未来の出来事が生まれ出る種を「知る」ことに対しては、技術がある。その瞬間を、意識によってではなく、暗黙知すなわち根源的な知によって知覚するのである。すると、その瞬間にふさわしい行動を起こすことができる。

●量子理論の中に「ストレンジ・アトラクター」——完璧なシステムやその環境の中でのすべての相互作用や関係を表す——という言葉がある。これが微妙な影響力を行使するため、システムは比較的自由に、くねくねと進んだり踊るように動いたりすることになるが、その影響力から逃れることは決してできない。私たちが適切な瞬間に「適切な行動」を起こすと、似た意思や目的を持つ人たちが私たちに引き寄せられてくる。そして「隠された手」や「扉がひらく」といった現象が生み出される。

これらの考えについて思いを巡らすうちに、私は認知科学者のフランシスコ・ヴァレラに会ったときに、彼が話したことを思い出した。「真正の出現」の状態に達した人に起きることについて彼は次のように述べたのだ。「私たちは人を惹きつける強力な力を使います。そしてほかの人が同じ空間にいたりあるいは入ってきたりしたら、その人は私たちに共感します。すると、とたんに扉が私たちに対してひらきます。それは奇妙なことでも不思議なことでもありません。ごく自然な、当たり前のことの一部です……その状態はそこにあって、私たちを待っています……私たちはただ、本来の私たちである一体性《ワンネス》がわかるようになりさえすればいいのです」

25　先見の明

人間の意識は、時間とも空間とも無関係な方法によって、環境の物理的側面から情報を引き出すことができる。
——ロバート・ヤーン

「サーバント・リーダーシップ」は現代の最も影響力あるビジネスコンセプトの一つだが、この言葉を生んだロバート・グリーンリーフは、先見の明を「リーダーシップの鉄則」だと考えた。「予見不可能なことを見る」、「不可知なことを知る」のはリーダーの際立った特徴である、とグリーンリーフは述べたのである。

私が『シンクロニシティ』や『赤い本』に書いたことはどれもそのまさに中心に、出現しようとしている未来のチャンスを、それが姿を現すより前に感じ取って、実現していくという考えがあった。また、パーリでの会議や、その後にしたヤーンやダンやディーン・ラディンとの対話でも一貫して、時間も空間も超えた「知」という考えが流れていた。実のところ、私は長年にわたって根源知、すなわち源泉《ソース》からの知について学んできたが、そのすべてに受け入れられている原則は、それは時間の秩序を超えて存在しているということなのだ。この探究全体にとって未来を知ることがどれほど重要かを考え、私はそうした優秀な人々と会う機会に恵まれるたびに、この領域、すなわち人間の予見する能力にことさら集中することにした。予知への入り口として直観や心について学んだことの中には、驚くべきものもあった。

ヤーンは私に賛同してはっきり述べた。「人間の意識は、時間とも空間とも無関係な方法によって、環境の物理的側面から情報を引き出すことができます」。ノーベル賞を受賞した物理学者のブライアン・ジョセフソンはこう言った。「今までのところ、証拠には説得力があるように思われます。こうしている今も情報は未来から引き出されていると思われるのです」。ラディンはこう述べた。「すべての調査や研究から一歩離れて見てみると、『時間に対する私たちの理解がきわめて不十分であることを示す証拠が山と見つかります。これらの研究は、私たちの精神のある面が未来を知覚できることを意味しています。未来を推測するのでも、予測するのでも、見つけ出すのでもありません。まさしく知覚するのです」

ラリー・ドッシーは長年にわたって、ケーススタディや、二十一世紀の優れた科学者たちの研究を検証してきた。著書『予感の力』（*The Power of Premonitions*）では、科学と研究の世界が未来を知る人間の能力を証明していることを明らかにしている。「科学者が、境界のない、無限の、非局所的な精神を認めるのを待つ必要はない」と彼は書いている。「彼らはすでにそれと認めているのだ」

「未来を感じる力を私たちが生まれつき持っていることを示す有力な証拠は、実験によって、二十年ほど前からじわじわと増えてきている」とドッシーは書いている。「証拠は主に……ディーン・ラディンによって集められてきた……ラディンは、現在においてまだ起きておらず、私たちも気づいていない出来事に対して、中枢神経系が自動的に反応することを見出した。この発見は、意識は過去と現在にしかアクセスできないという想定に対してこれまでになされた、最も重大な挑戦かもしれない」。ラディンはこうした特別な実験の結果を、二〇〇八年の、Uプロセス・イノベーション・ラボの準備をしているときに見せてくれた。

ラディンが考え出した実験は、無作為に選ばれた、感情を刺激するあるいは穏やかにする写真を使って、情緒的反応を呼び起こすというものだった。自律神経活動を示すものには、皮膚コンダクタンス水準（SCL）や、心拍数および血液量の光電式容積脈波記録法（フォトプレスチモグラフィ）がある。感情を刺激する場合と穏やかにする場合のSCLの反応を比べると、穏やかにする写真より刺激する写真を見るおよそ五秒前のほうが、皮膚電位において著しい変化が見られた。「つまり、実験の参加者は、自分の未来の感情の状態に対して、感情を刺激する写真を見るより前に、そしてコンピュータがそうした写真を選ぶより前に、〈事前に反応した〉のです」。ラディンはそうした能力を、事前の感覚や感情という意味で、「予見的感覚」と呼んだ。

今までに数カ国の研究所でこれと同じ実験が三十八回行われ、いずれもが驚くほど確固たる一つの結果を示した。「一連の実験結果が示す意味はどれほど強調してもしすぎることはありません」とドッシーは言う。「著名な心霊研究家のスタンリー・クリップナーが言うように、こうした研究によって、「予見的感覚」が間違いなく未来の出来事に対する予知を示していることがわかります。思うに、現在のところ心霊研究においてこれほど重要な実験はほかにありません」

ヤーンとダンは一九七六年から一九九九年にかけて公式な遠隔透視の実験を六五三回行った。それらの実験によってわかったのは、空間的に離れていることは重要な要因にならないということだった。「映像の送り手《エージェント》」と「透視者」が同じ街にいようと数千マイル離れたところにいようと、透視の成功率は同じなのである。おもしろいことに、時間も重要な要因ではない。ヤーンとダンはこう説明した。実験のほとんどで、透視者はエージェントからの情報を予知的に――情報が送られ、写真が無作為にターゲット群から選ばれる七日前までに――「見た」のだ、と。これらの結果を、彼らは予知的遠隔透視（PRP）と呼んだ。たとえば、エージェントがドナウ川を見てその映像を透視者に送る場合、透視者は、ドナウ川のそばのエージェントからおよそ九〇〇〇キロメートル離れたところにいながらにして、その場所を正確に、しかもエージェントが実際にドナウ川のほとりに行く二十三時間以上も前に、認識したのだった。

そうしたPRP実験において、透視者たちは写真を使った実験のときと同様の結果を述べた。中には細かいところまできわめて正確に述べる人もいた。ヤーンとブレンダの説明によれば、実験を行っている間、透視者の知覚の精確さは、ほぼ完璧である場合から、場面の要素や雰囲気が一致している場合、さらにはおよそ見当外れである場合まで幅があったという。発表された三三四のPRP実験のうち（一九八七年現在）、PEARの研究者たちの全データベースに対する失敗の最終的な確率は一〇〇〇億分の一だった。

PEARの実験は、ハーマンのSRIやカリフォルニア州ラ・ホヤにあるサイエンス・アプリケーションズ・インターナショナルなど、さまざまな研究機関によって同様に繰り返された。「SRIのデータでは失敗する確率は一〇〇京分の一です。こうした結果は『ネイチャー』『IIE論文集』『科学探査ジャーナル』などの科学誌に発表されてきました」とドッシーは述べている。

26

源泉《ソース》を活用する——心の驚くべき役割

直観は生まれながらの神聖な力であり、理性は忠実な召使である。
しかし私たちは、召使を敬い、神聖な力を忘れてしまう、
そんな社会を生み出してしまった。

——アルバート・アインシュタイン

源泉《ソース》を活用する最もよい方法を模索する中で、私は「直観力」が頭の中だけでなく体中に存在している可能性があることを知った。複雑な神経構造は、体のいたるところに、とりわけ心臓や腸に存在する。研究者の中には、「心臓の中にある小さな脳」について論じる人さえいるほどだ。その一人がハートマスLLC（有限責任会社）のCEO、ブルース・クライヤーである。ハートマスの仕事の一つは、ハートマスが「ハート・インテリジェンス」と呼ぶものを意図的に使う効果を調べることだ。実は、身体の知覚器官が絶えず未来をスキャンしていること、直観で得る情報を心臓が処理・解読していることについては、有力な証拠がある。

私が初めてブルースとハートマス創設者ドック・チルダーに会ったのは二〇〇〇年、「同盟」

のリサーチ・プロジェクトを始めた頃だった。ブルースとドックは、心臓と脳のつながりの力を使う研究で世界的に認められている。彼らとその研究科学者チームは、職場での個人のパフォーマンスを向上させると同時にストレスを減らすことを目的とする、実際的かつ科学的に有効性の認められた方法と画期的な製品を開発した。彼らのトレーニングプログラムやテクニックは、四大陸のフォーチュン一〇〇に入る企業や病院、警察学校、学校で活用され、社員の離職をとめたり、医療経費が削減されたり、創造性と生産性両方のパフォーマンスが上がったり、よりよい結果の達成につながっている。

初めて会ったとき、ブルースはこう言った。「人体における知性は、私たちがかつて思っていたよりはるかに分散されています。脳がマスターコンピュータで他の部分はすべてその命令に従っているという古いモデルは間違っているのです。心臓というのは、神経学的な複雑さは脳の足下にも及ばないものの、高度な知能システムだと私たちは考えています。心臓は、これまで脳でしか合成されないと思われてきたホルモンや神経伝達物質を合成します。また、脳の機能に対して、電気的、生化学的、その他さまざまな方法で影響をもたらします。生化学的には、心臓が知能システムであることがはっきり証明されているのです」

このとき、私たちは心臓と腸の知性は細胞レベルでも示されていることを学んだ。その影響は広範囲に及ぶ。ブルースの説明によれば、神経化学物質、すなわち神経系の情報を伝達するものは、腸や人間の心臓の中で大量に生み出されるのだという。そうした物質は次に、脳の処理能力や、実質的にほぼすべてのほかの器官に影響をもたらしていく。

ブルースは次のように説明した。研究者たちは数年前から腸神経系――腸管の中にある一連の複雑な神経――について研究をしている。神経細胞と神経化学物質から成るこの精巧なネットワークは、きわめて高度で複雑なので、今では「腸の脳《ガット・ブレイン》」と呼ばれている。その活動は脳の機能に直接影響をもたらす。また、腸にある神経細胞はおよそ一億個で、脊柱全体にある神経細胞より多い。

さらに、とブルースは説明を続けた。新たに発表された研究によって、人間の心臓には複雑な内在する神経系があることが今では知られている。また、ノルエピネフリン（ノルアドレナリン）やドーパミンのような神経伝達物質は、かつては脳や神経系でしか生成されないと思われていたが、調節ホルモンとして知られるANFなどのホルモン同様、心臓内でも生成される。

これらは脳の機能に直接影響をもたらすと思われる。腸《ガット》の脳は回路を持っているために単独で行動し、学び、覚え、「直観《ガット・フィーリング》」を生み出せるようになるが、同様に、心臓の脳が存在することで、心臓に関連するさまざまな感情が生まれる原因が説明しやすくなるかもしれない。少なくとも三つの脳――頭脳、腸、心――がネットワークで結ばれ、二十四時間ずっと、ほとんどは私たちの意識下で、互いに影響し合っているのである。

その日、ブルースは私たちにこう語った。大切なのは、心臓をあるがままに――心臓は私たちの核となるパワーの源であり、私たちが新たな知性を活用するのに役立つ不可欠なものであると――受け入れることだ、と。「肉体の一部である心臓は、精神の送信局だと言ってもいいかもしれません。歴史を振り返ってみると多くの文化が心臓を魂の中心だと、いや知性の中心であるとさえ考えてきました。心臓が知性の源だと考えられていないのは、西洋文明のこの一〇〇年ほどの間だけです。世界のほかのほとんどの文化では、心臓は今なお、人間の経験が本当に意味するものの核心だと考えられているのです」

さらに次のようにも説明した。心臓の知性が人間の核となるオペレーション・システムであり、頭脳の知性、心の知性、腸の知性が緊密に連携することが可能であることを示す証拠はどんどん増えている、と。ブルースによれば、頭脳の知性が高まれば分析力が上がるのと同じように、心の知性が高まれば直観が鋭くなるという。前向きな感情を生み出しつづける能力を含め、情緒面を管理すると、直観を解き放つ道がひらかれるのである。

「これまで十四年にわたって私たちの研究を方向づけてきた重要な意見の一つは、直観というのは、人間の設計図の中心となる知性の一種（あるいは帯域幅）であるという意見でした。私たちはこう考えています。人間のシステムは、高いレベルの、いつでも使用可能な直観の知性を使って機能するようプログラムされている。そして、ますます情報化が進む現代において、それを最大限に活用するまたとない状況が生み出されている、と」

二〇〇四年に、研究者のローリン・マクレティがリーダーになって行われたハートマスの実験によって、ディーン・ラディンの「予見的感覚」に関する研究結果が掘り下げられた。マクレティとそのチームは、気持ちを刺激するまたは穏やかにする写真を、二十六人の被験者に見せた。被験者はいずれも、瞑想を極めた人、つまりハートマスから教わった感情の管理テクニックに秀でた人である。被験者たちは心臓の動きにおいて、「予見的感覚」に関する重要な結果を示した。

コンピュータ画面にランダムに映し出される映像を見るおよそ五秒前に、被験者たちの心拍数パターンが、その映像がストレスを感じるものか気持ちが穏やかになるものかを事前に反映して変化し始めたのである。部屋には被験者たちしかおらず、どんな映像が映し出されるか意識として悟っていたわけではないにもかかわらず、心臓は未来にあるものを「察知した」のだった。研究者たちは、心臓が未来の出来事を、脳が知覚するより前に知覚しうることを示す証拠も示した。

……神経心臓学における最近の研究では次のように示唆されている。心臓は感覚器官である。広範囲に及ぶ神経系を持つ情報の符号化・処理センターであり、神経系が学び、記憶し、頭部にある脳とは無関係に機能的な決定ができるようにしているのである……体のこの知覚器官（すなわち心臓）は絶えず未来をスキャンしている。そして未来の感情刺激の処理に直接関与している。それも身体が実際にその刺激を経験する数秒前に、である……この結果に関して本当に驚かされるのは、未来の出来事を知覚する直接的な役割を心臓が果たしているらしいという点である。少なくとも、この点について脳が単独で機能しているわけではないと思われるのだ。

この報告は次のように締めくくられている。

直観に心臓が関係しているというわれわれの結論は見方によっては驚くべきことかもしれな

いが、忘れてはならないのは、古今東西を問わずおよそすべての文化において、心臓は昔から、通常の意識を超えた情報と英知の源への導管《パイプ》だと見なされてきたという点だ。それゆえわれわれのデータは、人類が何千年も前から知っていて使ってきた直観力に対する科学的証拠を提供するものだと言えるだろう。

ハートマスの研究者たちが達したのと同じ結論に、パーリに集まった物理学者やヤーンやダンも達していた。彼らは次のように報告している。

こうした精神生理学的な効果が未来の研究においても示され続けるとすれば、それは、直観のプロセスにおいては空間的・時間的制約によって限定されることのない情報の場に身体がアクセスするという考えの強力な証拠になる。もっとはっきり言えば、身体はポテンシャルエネルギー——時空の実在から離れた領域として存在し、「未来の」出来事についての情報がスペクトル的に包まれている——の場にアクセスしているという意見に対して強力な根拠を提供することになる。

最後は次の言葉で締めくくられている。

直観に関する研究は、人類にとって素晴らしい実りをもたらすだろう。人間の知覚や意識についての科学的理解を広げ、われわれ自身についても、われわれと物質・非物質世界との関係についても新たな見方をもたらすにちがいない。二十一世紀におけるこのめまぐるしく変化するきわめて複雑な世界において、直観には人生のおよそあらゆる面で選択や判断を知らせる重要な役割がきっとある。こうした科学的研究を通してこそ、われわれは、直観がどんな条件のもとでどのように生まれるのかが理解できるようになり、ひいてはその力を使い、育てる秘訣がわかるようになるだろう。

表現の仕方には違いがあるかもしれないが、私が出会ったどの研究においても、基本的に同じ結論が導かれていた。どこまでも創造的な源泉《ソース》(能動的情報場)があって、時間の秩序を超えて存在し、内蔵されたつまり明らかでない状態の中に包まれ、明らかな現実――顕前秩序――を生み出す用意を常に整えている、と。人間は未来を感じ、具体化し、現実のものにするよう生まれついている。必要で意味があるときに、現実を、現実が望むとおりに実現するよう、間違いなく生まれついているのである。

しかし、未来を集団でともに感じることについてはどうなのだろう。その可能性について科学がどんな答えを持つのか、私は知りたくてたまらなかった。

27　グループ・エントレインメント

調和しているグループで定期的な交流がなされると、関心の対象のエネルギー場を使うことにより、グループのエネルギー場における調和が増幅される。
——ブルース・クライヤー

二〇〇八年五月、幹部チーム向けにひらいたワークショップで、私はブルースとふたたび話をして一日を過ごすことができた。ブルースは幹部チームに対し、ハートマスが行っている未来を知る研究の話に加え、興味深い発見を今まさにもたらしつつある一連の研究についてかなり詳しい話をした。その発見は私たちがイノベーション・ラボで経験したことを裏付けるものでもあった。ブルースらの研究チームは、高度に同調した、すなわち「エントレインメントした」チームで働くことの増幅効果を研究しているのである。

エントレインメントというのは、システムの同期を表す科学用語だ。鳥の群れ、魚の群れ、人間の心臓にあるペースメーカー細胞、これらはすべてエントレインメントの例である。エントレインメントしているチームは円滑に機能し、メンバー一人ひとりの創造性や知性を十分に活用し、歪曲や批判は最小限にする。例を挙げましょう、とブルースは幹部チームに言った。スポーツチームや音楽グループやダンスの一団が「ゾーン」に入ると、高いレベルのエントレインメントを実現します。そして、個人のすばらしさや独自性を損ねることなく、一体となって楽々と行動できるようになります。

ハートマスは次のような原理を見出した。チームに代表される複雑なシステムが「全体」として新たなレベルの結束性を得るためには、規律正しく行動する個人という「部分」が必要である、と。チームメンバーがもっとセルフマネージできるようになり、心がつながり合うと、コミュニケーションのずれが減り、システムがエントレインメントする。いったんエントレインメントすると、新たなレベルで効果的な活動をすることが可能になる。

ブルースの言うセルフマネジメントは、ボームやリー・ニコルが注目していたもの——瞑想、ヨガ、気功——と性質は同じだ。ハートマスでは「心臓に集中し、心臓で呼吸し、心臓で感じる」ことを通して「クイック・コヒーレンス」というトレーニング法を行うのである。ハートマスは長年にわたり、コヒーレンス法を行う前と行ったあととのチームへの効果について調べてきた。ブルースが示したある研究では、創造性が六十八パーセントから八十二パーセントに、効率が四十八パーセントから八十パーセントに上がったという。

ブルースは、ハートマスが得た研究結果のうち、この幹部チームにとって重要だと思われることとして、こんなことも言った。調和しているグループは、調和していないグループとは対照的に、

「場」を何倍も活用できるようになる、と。大自然でのソロ・キャンプの前に数日間にわたって行われるラボ・チームによるトレーニングは、グループ・エントレインメントの練習になる。また、ソロ・キャンプののちに共通の経験をともに検討するときには、高いエントレインメント状態になり、源泉《ソース》とつながるグループの力が驚くほど高まる。その日、ブルースはこう述べた。

調和しているグループで定期的な交流がなされると、関心の対象のエネルギー場を使うことにより、グループのエネルギー場における調和が増幅される。すると、非局所的な直観的洞察の場から一人ひとりが受け取るシグナルが強められる。結果、一人ひとりが別個に行動しているときより強い直観力が生み出されることになる。

28

情熱と集中力のパワー

その事柄（の全体）について、すぐさまトータルな印象を持つという経験は、通常の意識における情報処理の経験とは全く違う。

二〇〇八年のブルースを交えての最後のワークショップで、彼は、ハートマスのチームがその年オーストラリア・アントレプレナーシップ大学院（AGSE）の研究者チームとともに行っていた研究について話してくれた。それは、マクレティが中心になって行われ、すでに発表されていた、二〇〇四年の実験結果を裏付ける研究だった。AGSEとハートマスは、実験によって、シリアル・アントレプレナー（次々と会社を興す起業家）の成功について説明しようとした。そして、「予見的感覚」に関する実験（今回は、ルーレット盤を使い、シリアル・アントレプレナーと、標準的なビジネスパーソンと、起業しても失敗してしまう人とを被験者にして比較がなされた）と、二〇〇六年および二〇〇七年に行われた実験に基づいて、過去に導き出された結論に間違いがないことを確認した。ただ、このときの実験では、「非局所的な直観の結果に影響をもたらす事前の要因の差異は、ルーレットの結果が被験者たちに伝えられる十二〜十四秒前だった」

ブルースはこう言った。これらの研究によってチームは、「非局所的な直観」に関する大規模な実地実験へ一気に向かうようになっている、と。そうした実験では、シリアル・アントレプレナーの統計的に適切なサンプルと、起業しても失敗してしまう人や標準的なビジネスパーソンのサンプルとの比較が行われる。これまでのところ、いずれの証拠によっても、シリアル・アントレプレナーはビジネスチャンスにつながりそうな非局所的情報を知覚・処理する力が、起業しても失敗してしまう人や標準的なビジネスパーソンよりも優れていることが示されている。

チームは次のような仮説を立てた。シリアル・アントレプレナーが持つ未来のビジネスチャンスに対する情熱と高い集中力が、身体の精神生理学的システム（脳、心臓、自律神経系）を、「対象についての、暗黙の、エネルギー的に符号化された情報を含む、量子ホログラフィック情報の領域」に同調させている、と。

さらに、そうした実験に基づいて、次のように結論している。非局所的な意思がシリアル・アントレプレナーによって感じ取られ、まだ起きていないけれども「確実に起きること」として心身の中で知覚される、と。これにはたとえば考えやアイデアのような精神的に形作られるものがある。印象《フィーリング》も絶対的なもので、疑いの余地なく経験される場合が多い。そしてその印象が、楽天主義やわくわく感といった前向きな気持ちを引き起こす。「その事柄（の全体）について、すぐさまトータルな印象を持つという経験は、通常の意識における情報処理の経験とは全く違います。通常の意識では、精神の中身は徐々に新しいものに替えられます。感覚的な経験が時間を追って少しずつ明らかになるのと同じように」

ウィリアム・A・ティラー（その前年に私たちがともに仕事をしたスタンフォード大学の物理学者）が行った研究を参考にしつつ、AGSEとハートマスのチームは、未来を感じるシリアル・アントレプレナーの能力が高まるのは、彼らが精神や感情を穏やかにして、「その未来に前向きな感情を向けるという、心を重視した状態」を選ぶときであることを見出した。

AGSEとハートマスのチームが見出したことと、「直観的情報の源」や、一か八かやってみる意志の役割や、情報の質と伝搬（絶対的な確信とともに全体として伝わるのか、徐々に伝わるのか）に関する彼らの結論は、私が直接経験したこととも、長年にわたって集めてきた研究や調査や証拠とも、ぴったり一致している。

❖

ジョン・ミルトンに学んだバハ・カリフォルニアでの二度目の「旅」。ボーム・シンポジウムがひらかれたパーリでの三日間。プリンストンでのロバート・ヤーンとブレンダ・ダンとの会話。私自身が行ったリサーチ。これらの経験から学んだすべてのことをじっくり検討して、私は三つ目の原理を編み出した。

［3］宇宙には、無限の可能性を持つ創造的な源泉《ソース》がある。

この源泉《ソース》と結びつくと、新たな現実――発見、創造、再生、変革――が出現する。私たちと源泉《ソース》は、宇宙が徐々に明らかになる中でパートナーになるのである。

❖

ヤーンとダンを訪問した際、会話の終わり頃に、私の旅の次の段階を方向づける二つの問題について話し合った。一つは、組織は知の深い源泉《ソース》——そこから重大なイノベーションが起きる——に注意を払わなければならないこと。もう一つは、組織は創造性と行動を促すコア・プラクティスを実践しなければならないことである。

しかしながら、どうすればそうした組織をつくれるだろう。また、どんなコア・プラクティスを実践すれば、リーダーたちは源泉《ソース》の無限の可能性を活用できるようになるだろう。こうした疑問に対する答えは、カズとの重要なダイアローグを通して、ゆっくりと明らかになっていった。

29 源泉《ソース》とつながる

未来には、いにしえの心がある。
――カルロ・レーヴィ

カズとのダイアローグは、二〇〇九年の夏に、バーモント州ストーにある私の自宅で始まった。スーザン・テイラーとカズと私とで、その十四年前からカズと私が築いてきたパートナーシップを続けていくためのプランを考えているときのことだった。一連のダイアローグの下地になっていたのは、カズがトランスパーソナル心理学者として長く行ってきたトレーニングと、彼がやはり長年にわたって続けてきたスコット・ペックとの研究だ。スコット・ペックは、カズのことを、複数の組織が集まって大人数で仕事をしているときにコミュニティというべき状態をつくり出す「恐ろしく創造的な才能」の持ち主、と書いた人である。そうした仕事において、カズは結束した意識の状態――ロンドンでボームが私に話してくれた境界の崩壊であり、「Uの底」で起きる状態でもある――を高めることができた。この状態になると、個人としても集団としても深く洞察し、画期的な解決策を生み出せるようになる。

カズと私はピーター・センゲも交えて一九九八年に共同で「場をつくる（*Setting the Field*）」というタイトルの論文を書いた。ＳｏＬではのちに「場の論文（*The Field Paper*）」として知られるようになる論文である。「場の論文」は、過去二十年にわたって私たちが場について学んだことすべてをベースに、宇宙の仕組みに関するボームの理解から重要な情報を得て書いた。最後はこう記して結んだ。「このプロセスによって一大変革のための突破口がひらかれることを私たちは信じている。また、この論文によってほかの人たちが同様のプロセスを考え、探究するようになることを願っている」

しかしながら、このアプローチを特徴づけているものは、目に見える活動の中ではなく、現実に対する独特の見方をはじめとするその目的や前提の中にある。私たちは、大きな組織全体の活動は考えや感情のような微妙な場に影響されると思っている。そしてそれらの場は変化の影響を受けやすいと考えている。実のところ、そういう場は絶えず姿を現し続けているのだ。出現するそうした場に気づくことがすべての本物のリーダーシップにとってきわめて重要だ、と私たちは思っている。現実は一定ではなく、絶えず変化している。本物のリーダーシップとは、出現する場をうまく使って新たな現実を生み出す技術なのである。

リーダーシップ行動のための現代の多くの処方箋とは対照的に本質的ではあるけれども、リーダーシップに対するこの見方は新しいものではない。七十五年前に、哲学者のマルティン・ブーバーはこう言った。「現れることになっているものは、何を成し遂げることができるかを決めたときに初めて現れる」。さらに、意思の二つの源を微妙に区別して、「ものごとや本能に支配される不自由な意思」と「大いなる意思」と述べている。人間はこの大いなる意思を、努力を傾け、一生をかけて磨いていく。ブーバーが述べたとおりである。「人間は、自分自身の中から現れようとするものに、この世界における存在の過程に、耳を傾ける。世界によって支持してもらうためでなく、世界が望むとおりに世界を実現するためである」

抽象的な理想論などではなく、あらゆるレベルのリーダーはこの耳を傾けるという能力を高めることができるし、またそうすることによってこそ組織の「未来をつくる力」を変えることができる、と私たちは考えている。

当時、つまりブーバーの「大いなる意思」について書いたころはまだ的確な名前をつけられず、その呼び方を代わりに使っていたが、やがて私たちはシンプルに、「源泉《ソース》」や「源泉《ソース》とつながる力を高める」という表現を使うようになった。

❖

ダイアローグの中で、カズは私にヒューリスティックな発見という言葉を教えてくれた。マイケル・ポランニーの研究に基づく探究方法で、理由と直観と、とりわけ情熱を使って知を生み出そうとするものだ。ディーン・ブラウンとその師であるカズは、科学的発見に作用する暗黙知の次元についてのポランニーの研究を、何年もかけて行った。また、カズはのちに、Uプロセスそっくりの発見プロセスを使って、ロサンゼルスのとある同族会社を、第二段階の組織から出現する第四段階の企業へと引き上げた。

こうした経験を持っていたために、カズは、「どうすれば組織はコア・プラクティスを考案して、あらゆるレベルのリーダーが源泉《ソース》とつながれるようにし、目を見はるようなパフォーマンスを実現できるようになるか」という疑問に私がぶつかっているときに、大いに力になってくれた。ダイアローグの中で、私はカズに言った。ポランニーの研究については二〇〇〇年のサロンでした野中郁次郎との会話によって大まかに理解している、しかし著作を読んだことはない、と。カズはポランニーの著書のうち三冊――『暗黙知の次元』、『意味』（*Meaning*）、『個人的知識』（ハーベスト社）――を勧めてくれた。また、その三冊や自分の論文から抜粋して、特定のテーマに関して手書きのメモを渡してくれた。

それらの資料をじっくり読んだのちに、私はポランニーの研究が、私の求める答えにとってきわめて重要であることに気がついた。それは、ナレッジベースの企業に関する、野中のプロセス理論の基礎について述べている。ブライアン・アーサーが考える高度な意思決定や「最も複雑な問題」の解決プロセスについて述べ、またそれと直接つながってもいる。さらには、私が磨きをかけてきた、進化したUプロセスと調和してもいる。

知識創造プロセスが成功するかどうかは明確かつ必然的にその規範的な性質にかかっているというポランニーの考えは、きわめて重要だ。つまり、パーリやプリンストンやハートマスの科学者たちが主張したように、今ある世界を変える知の発見は、革新者たちによってプロジェクトに向けられる価値観や情熱や意味の上になされるものなのである。ナレッジベースの経済――そこでは土地、資本、労働力という昔ながらの資源に優先して、ナレッジが最も重要な資源になる――では、このプロセスを深く理解することが、どのような組織においても不可欠である。

ポランニーの知的な旅は範囲の広さが群を抜いている。彼は、知識創造について本を書くよりずっと前に、革新的な科学者として、とくに物理化学において知られるようになった。高い評価を得た初めての論文は、脳水腫の液体の化学的性質がテーマだった。発表したのはまだ十九歳だったときである。一九四〇年代後半には自然科学の世界で中心的役割を果たすようになったが、その後社会科学に関心を移し、イギリスのマンチェスター大学で教鞭を執りつつ、経済、社会、政治の問題について影響力のある本を書いた。

ポランニーの旅の（最初の二つの段階をもとにした）第三段階は、自分自身の経験と、数百年にわたり幅広い分野の学者によって示された考えや分析を使って、知識創造の観点から世界を――物質世界も精神世界も――理解しようとするものだった。先述した三冊の著書はいずれも、暗黙知というテーマに直接関連しており、七十代のときに書かれた。

暗黙知に関するポランニーの概念は、アバディーン大学で行われた一九五一年～五二年のギフォード講義で（このときの内容は一九五八年に『*Personal Knowledge*』〔個人的知識〕と題して出版された）、さらにエール大学で行われた一九六二年のテリー記念講義で（これは一九六六年に『*The Tacit Demension*』〔暗黙知の次元〕と題して出版された）詳しく述べられた。ポランニーは「暗黙知の構造」

を自分の最も重要な発見だと考えた。『個人的知識』の中で彼はこう述べている。人間の精神は、みずからの合理的理解をはるかに超える秩序を発見するよう導かれる、と。「人間の勝利は、隠されたたくさんの意味を予知することの中にこそある。そうした意味は、その人間が見出したことで、後日ほかの人の目に明らかにされる」。彼は隠された知のことを、「言葉で言い表すことのできない知」「超自然的な知」であると考え、「人間の中で統合される宇宙のきわめて小さなかけら」と表現した。またそうした革新のプロセスを、宇宙の中に眠っている「なんらかの可能性の実現」と呼んだ。

宇宙や私たちの世界の現れ方をそのようにとらえることは、ボームの「内蔵秩序」や、ブライアン・アーサーの「より深い知の場所に近づくこと」や、ロバート・ヤーンとブレンダ・ダンの「曰く言いがたい、根源的な源泉《ソース》」のとらえ方と、見事に調和していた。ポランニーの講義で示された考えは、遠大で重要であっただけでなく、驚くべきものでもあった。その考えが発表されたのは、アラン・アスペが非局所性に関するベルの理論を確認するおよそ二十年も前だったのだ。

30
知識創造の構造

発見者は、「労苦を重ねることによって心が整い、
自分ではコントロールできない源泉から真実を受け取れるようになる」
と信じて行動する。

ポランニーは、「どれほど熱心であったとしても、顕在的な推論様式によっては（つまり、すでに知られている手順を熱心に実践したとしても）決して達成され得ない知の進歩」について述べた。ポランニーはこれを「ヒューリスティックな探究法」と呼んでいる。ヒューリスティックという言葉は、見つける、発見するという意味のギリシャ語のheuriskeinがもとになっている。「発見の本質」――知識創造――は、ポランニーの考え方を生き生きさせる核心的なテーマなのである。

先述した三冊の著書の中で、ポランニーは隠された可能性を実現したり新たな知識を創造したりする過程で誰もが――科学者や独創的な芸術家や起業家が――たどる道について述べていた。私は、商業や科学、経済、教育、政府、非政府組織の、一〇〇人を超える起業家や革新者に突っ込んだインタビューを行い、彼ら発見者たちが一様に、ポランニーの述べたことは、自分たちの

内面の状態や、そうした状態から生まれる行動や、得られる結果に当てはまると考えていることを知った。

私は細心の注意を払ってポランニーの素晴らしい記述を読んだ。新しい知を発見するとどのような感じがするかが正確に述べられているからである。自分の考えを明確にするために、私はポランニーがこのプロセスについて述べたことを六つの段階にまとめてみた。

[1] ふとした折りに、それとなく示される

発見のプロセスは、見出されるべき問題がふとした折りにそれとなく示されて、おぼろげに始まる。それは心の奥からわき起こるぼんやりとした声、すなわち「明確に言い表すことのできない衝動」であり、その衝動の中で、ほかの人が存在していることに気づきさえしない問題を感じ取ることになる。何かさまざまな断片を寄せ集めたようなものが感じられ、隠された可能性の手がかりが与えられるのだ。それらはもしかしたら生まれるかもしれない調和した全体の断片にすぎないが、探究すべき問題や決定をセンシングするよう導かれる。

[2] 宇宙の意思によってヒューリスティックな情熱が引き起こされる

最初に起きるぼんやりとした暗示は、発見者によって、探究しようという固い決意へと変わる。これは使命、すなわち宇宙の意思によって突き動かされるヒューリスティックな情熱、自分自身より大きなものに身をゆだねるという行為へと進化する。この旅をするという選択は、生きる

意味にかかわるものだ。発見者は実質的にその旅にのめり込むことになるのである。うまくいけば得るものはとてつもない。時間、金、個人的な名声、自信の喪失、失敗する可能性といったリスクの中に、素晴らしい冒険が待ち受けてもいる。「発見者は徐々に、キャリアのすべてを懸けることを選んだ」のである。リスクがあってなお、発見者はみずからの運命――自分の「最も重要な計画」、すなわちこの世でなすべきこと――と契約をする。隠された現実に対するきわめて個人的な予知に導かれ、その隠された意味を、情熱を持って追求することを引き受けるのである。

[3]　身をゆだねること、奉仕する気持ち

発見者は、現れようとしているものにいっそうしっかり近づくために、自分の現在の知から離れようとする。これは旅の間ずっと続くプロセスである。孤独な発見者は、現在の理解を超えたところにあるものによりしっかり近づくために、「誤った知を捨てることに絶えず惹きつけられる」のである。使命を果たそうとすること自体は、ポランニーが信託に基づく行為と呼ぶとおりのものである。探究のためになされる選択は責任の重いものなのだ。

発見者の、問題に対するビジョンと、問題に対する情熱と、発見への最終的な飛躍は、最初から最後まで、自分以外の（と適切な名のつけられた）ものに対する義務で満ちている。彼の行動はきわめて個人的だが、にもかかわらずその行動に身勝手さは皆無である。独創性は、どの段階においても、人々の心に真理を育てるという責任感によって導かれる。そしてその完璧な

奉仕の中に、自由に独創性を発揮する場がある。

[4] 精力的に理解を深める人として「内在」する

発見者は、「労苦を重ねることによって心が整い、自分ではコントロールできない源泉から真実を受け取れるようになる」と信じて行動する。そして昼夜の別なく「やりがいがあって、夢中にさせられる、大切な引き受けた仕事」に取り組み、その経験に浸り込む。仕事に心を奪われ、身を捧げ、その経験自体がもともと持っている性質にのめり込み、独特の素晴らしさの中で夢中になって生きるのである。「われわれは、しなければならないけれども今この瞬間どうすればいいかわからないことが、神の恵みによって、いつか、何らかの形でできるようになることを願って生きるのだ」

[5] 一歩下がることと突然のひらめき──恩寵

「探究は、静かに時が流れたのちに(目標への努力が休止したときに)終わりを迎える。不意に啓示《イルミネーション》があって、問題の解決策がもたらされるのである。そのようなことは全く自然に起きることであり、〈結びの洞察〉の仕業とでも呼ぶといいかもしれない……同じことは必ずまた繰り返される……」。ポランニーは、本物の発見がきちんと論理だっていないのは自明のことだと述べている。発見者が旅を始めたときに知っていた知識と、結果として行き着く発見との間にはズレがあるのだ。「啓示」は飛躍であり、それによって論理的なズレが埋められることになる──

「……ここで、われわれはパラダイムにおいて、信と行と恩寵に関するパウロ書簡のようなスキームを持つことになる。発見者は、『労苦を重ねることによって心が整い、自分ではコントロールできない源泉から真実を受け取れるようになる』と信じて行動する。そのため私はパウロ書簡的スキームを科学的発見に対する唯一の適切な概念であると考える」。そうした啓示は、既存の知によって示された可能性を追求する中で、ある理論が正しいことを不意に確認するという形でもたらされるかもしれない。あるいは、何か重大な点で既存のものと異なる、全く新しい発見となるものを追求しているときにもたらされるかもしれない。いずれにしても、ひとたびそうした啓示を受け取ると、「……二度と世界を以前のように見ることはなくなる。視点が変わり、見方も考え方も違う人間になったのだ」

[6] 試してみることと確認

こうした「勝利の閃光」によってもたらされるのは、ふつうは本当の解決策ではなく、「まだ試していない方法に思い当たったにすぎない。……このように、問題解決に向けて積極的に行動し始めることも、最終的に解決策を得ることも、事実として、計算された結果や象徴的な働きに頼っている。……それでも、探究者の直観力は常に圧倒的で断固としているのだ」

発見に関するポランニーの記述にはまれに見るパワーがある。そのプロセスは、宇宙の仕組みについての明確な考えの上に成り立つという。革新者たちは、宇宙の中の隠された可能性を実現する力を持っているが、しかし「この隠された現実に対するきわめて個人的な予知」によって導かれることになる。そしてプロセスのすべての段階が、解決策は存在するがまだ知られていないということの「個人的な予知」によって決まるのである。発見者の世界観は何にもまして重要だ。彼らはボームと、そしてプリンストンやパーリの科学者と同じように宇宙を見る。それは顕前秩序（すでに明らかになっているもの）と内蔵秩序（潜んでいて、明らかになっていないもの）から成る世界である、と。そして、内蔵秩序（すなわち源泉《ソース》）こそが無限の可能性――今まさに探し求められている隠された可能性や解決策――を持っているのである。

プリンストンでは以上の原理がはっきりと私に対して指摘された。ヤーンとダンが「源泉《ソース》との意思疎通を高めるのに絶対に欠かせないもの」として挙げた六つのうち二つ目に、目の前にある課題のコンテクストを「不可能」に思えるものから「達成可能なもの」の一つに変えなければならない、とあるのだ。

31

限界をつくる信念体系を手放す

現実に対する心のイメージを入念に変えると、人々は世界を変えることができます。実のところ、社会の根本的な変化は、政府の命令や議論の末の結果としてではなく、膨大な数の人々が考えを変えてこそ起きるのです。

——ウィリス・ハーマン

自分たちの根本的な性質を知りたいと思うのは、人間の基本的欲求である。今にして思えば、この欲求のために私は根源知に対する自分の直接体験の根本を理解しようとし続けてきたのだ。ただ、「完全に」理解するには、うまく表現できないが、足りないものがいくつかあった。ときには、知に近づきつつある——暗黙知を手にしつつあるように思うこともあったが、はっきりそうと言うことはできなかった。しかしパーリとプリンストンで科学者たちに会い、のちに、全く新しい知識が見出される方法についてのポランニーの的確な記述を読んだとき、突然すべてが私のために一つにまとまった。

年月が経つうちに、私の世界観は変化した。私は、生まれてこの方教えられ続けた限界をつくる信念体系を手放した。そして私の形而上学——存在と知に対する考え方——の中で、重要な変化が起きたことに気がついた。

形而上学は、経験を構成しなおして使えるものにし、次いで科学的、社会的、個人的な現実を形成する。それは人間の経験を説明し、私たちの心の奥底にある願望をかなえるものなのである。「形而上学が何の役に立つのか」という質問に、数学者にして物理学者、哲学者でもあるH・ディーン・ブラウンはこう答えた。「われわれは、われわれが見ているものになる」

ウィリス・ハーマンは、かつて私にこう言った。「現実に対する心のイメージを入念に変えると、人々は世界を変えることができます。実のところ、社会の根本的な変化は、政府の命令や議論の末の結果としてではなく、膨大な数の人々が考えを変えてこそ起きるのです」

長い年月をかけて私は知った。第二段階のリーダーや多くの第三段階のリーダーでさえも、時代遅れの思い込みと、自分でももはや気づきさえしなくなっているメンタルモデルに基づいて行動していることに。そうした限界をつくる信念体系はあらゆるレベルのリーダーに新たなチャンスを追求したり発見したりさせないようにする。結果として、驚くほど成功している企業でさえ戦略的な失敗を繰り返すことになる。

32
突然のひらめき

夫はこう思っています。自分が発明するものは、
自分を通して宇宙の無限の力からもたらされたものだ。
そしてリラックスしているときでないともたらされない、と。

――マイナ・ミラー・エジソン
（トーマス・エジソンについてのコメント）

ディーン・ブラウンは著書『宇宙の法則』（*Cosmic Law*）の中で、ポランニーの「突然のひらめき」は宇宙の不変の法則だと述べている。彼によれば、現在隠されているものはやがて明らかになる、そして神の恩寵を通してのみ明らかにされるという。啓示は漸進的あり、科学や自己認識や学びの中でもたらされる。啓示が徐々に輝きを帯びていく場合、人はおのれが進むべき道を進んでいることを知る。

ブラウンは突然のひらめきや啓示を経験することを、metanoia（気持ちの変化）という言葉を使って述べている。「ギリシャ人にとって、この言葉は心（noia は「心」を表す nous の派生語）の基本的

な変化を、文字どおりには超越（metaは「〜の上に、〜を超えて」の意味。metaphysicsなど）を意味した。初期のキリスト教（グノーシス派）に似て、〈共通の直観を呼び覚ます〉、〈至高神を直接知る〉という、特別な意味を持っていたのだ」

「どんなに……論理を尽くしても、……この『あ、そうか！』と得心する体験はもたらされない」とブラウンは書いている。「それは来るべきときにしか来ないし、来るときは間違いのない確かさを伴う。……モーセは、ホレブ山の燃える柴の中で、まさにそういう啓示を得たのである」

　科学でそうした「あ、そうか！」と得心する体験をしたのは、レオンハルト・オイラーだった。数学においてときに最も美しいと言われる、exp(i*pi)−=1という関係を発見した一七七三年のことである。同様の啓示はシャルル・エルミートが一八五九年にexp(pi*$\sqrt{163}$)がほとんど整数であることを見出したときにももたらされた。同じように、「芸術や文学の傑作の多くが、神の代理人によって口述されるのを、つくり手たちは感じたのだった」

　科学と発見の歴史において、突然の洞察は繰り返し起きている。アルキメデスは、入浴中に、密度と体積を計算する方法を思いついた。ルネ・デカルトは、ベッドに横になってハエを見ているときに、今では座標幾何学として知られているものによってその位置を示せることに気がついた。また、果樹園でリンゴが落ちるのを見て、サー・アイザック・ニュートンが万有引力の法則のもとになるものを思いついたというのは、有名な話である。

　突然のひらめきという現象について、私は何度となくブライアン・アーサーと話をした。モンタナでのレトリートでは、彼はある日、世界初のテクノロジーや、科学・経済学における全く新しい知見といった発見について、次から次へと話してくれた。ブライアン自身の影響力ある「収穫逓増の理論」では、ハイテク企業が型破りな成功を収める理由についてパラダイムを変えるような説明がなされるが、これがひらめいたのは、ハワイで二カ月間の休暇をとっているときだった。「経済学にとって何か重要なものを自分が持っていることを、一瞬で悟りました。それが〈Uの底〉です。洞察が完全な形でやってくるのです……その解決策が正しいという〈悟り〉とともに。その策が適切で正確で明快であるという感覚とともに。……やってくるのは、仕事をしたり必死で考えたりしているときではなく、じっと静かにしているときです」

私は、そうしたひらめきのもとになるものはどこからもたらされると思うか尋ねた。ブライアンは一瞬、間を置いて答えた。「この世ならぬものからである可能性を排除することはできません」。そしてまた間を置き、笑みを浮かべ、こう言った。「神の恩寵と呼んでおきましょう」

アメリカの最も有名な発見者の二人、トーマス・エジソンとジョージ・ワシントン・カーヴァーは、知の源を述べるにやぶさかではなかった。エジソンは、無神論者だと思われているが、自分の知の源泉は「宇宙の無限の力」だと信じていた。一九一一年に彼はこう書いている。「人々は私を発明王だと言う。だが私は何も発明などしたことがない。宇宙全体からメッセージを得て、それを工夫して形にしているのであり、私自身はレコード盤か受信機にすぎない」。彼の妻も次のように述べた。「夫はこう思っています。自分が発明するものは、自分を通して宇宙の無限の力からもたらされたものだ。そしてリラックスしているときでないともたらされない、と」

ジョージ・ワシントン・カーヴァーは、大変な数のピーナッツの用途とその誘導体を発見した。また、人生においてそれ以外の面でも目を見はるような創造性を発揮した。どのような方法を使って問題に立ち向かうのかと尋ねられた彼は、こう答えた。「方法を探すことはありません。新しいものを生み出そうと思った瞬間、明らかにされるのです」。もっと具体的に、こんなことも述べた。「花に触れるとき、私は単にその花に触れるのではありません。無限の宇宙に触れているのです」

33 いにしえの先達

源泉《ソース》とつながると、
知覚が「場の全体から」生じるようになります。
——エレノア・ロッシュ

西洋の科学者が能動的情報場やゼロ点場や内蔵秩序を認めるよりずっと以前に、いにしえの学者や先住民のヒーラーはそれぞれに、受け継がれてきた表現で「網の目のように広がる宇宙」について述べていた。ホピ族は「世界を結合する蜘蛛《ウ》の巣状《エ》のもの《ブ》」について言及した。天地創造の神話では、まず原初の状態や大地が表現され、そこから万物が現れるとするものが少なくない。これは、ブライアン・アーサーが紹介してくれた「聖なる旅」(ジョン・ミルトン主催のウェイ・オブ・ネイチャーが行うプログラム)で、ミルトンが教えてくれることの中核でもある。また、四世紀頃と思われるチベット仏教の祈りの言葉には、万物を一つにする場のことが述べられている。はるかな昔から、科学者も神秘主義者も詩人も芸術家も、創造的な源泉《ソース》のさまざまな面について述べようとしてきたのである。

文明が発達するにつれて、神話に代わって自然哲学が、最終的には現代物理学が登場した。ボームは私との対話の中で、内蔵秩序とは「完全なる全体性であり、そこから別個に見える出来事が生じる。私たちはみな誰もがそうした全体の一部であり、その全体は絶えず暗在系の世界から展開し、明在系の世界の中に現れ続けている」と定義した。デヴィッド・ピートは『シンクロニシティ』のある章を丸ごと割いて「創造的源泉」について述べた。

エレノア・ロッシュは根源知の性質を、「果てがなく、直接的で、自発的で、ひらかれていて、絶対的な価値を持ち、思いやりがある」とした。ロッシュによれば、そうした性質のすべてが調和して一つのもの――チベット仏教でときに「自然の状態」、道教で「万物の源」と言われるもの――を構成するのだという。「源泉《ソース》とつながったとき、すべてがさらに一体になります……意思と心身とが一つになるのです。……」。ロッシュはこうも述べた。源泉《ソース》とつながると、知覚が「場の全体から生じるようになります。〈場〉という概念は、現在の科学の中で、この現象を述べるのに最もふさわしいと思える言葉でした」

ロッシュが道教について言及したために、私は道家の言う「万物の源」について書かれたものを、見つけられたかぎりすべて読んだ。私にとっては『道徳教』がいちばん取っつきやすくて得るものも多く、これまでのところR・L・ウィングの手による翻訳書 *The Tao of Power* が最も内容がわかりやすく役に立った。

ウィングによれば、『道徳教』がいつどのように書かれたのか正確なところは誰にもわからないという。しかしながら、この五〇〇〇語ほどの薄い本は中国古典哲学の基礎になっている。書いたのは老子だと言われている。老子は、二六〇〇年前に生きた博識の優れた人物で、周王朝時代に書庫の記録官を務めていた。そして、リーダーには本物の影響力と権力を、リーダーに導かれる人々には個人的自由をもたらすよう考えられた一連の戦略や姿勢を、古代の世界に示した。『道徳教』は実に二五〇〇年の間、版を重ね、聖書を除けばほかのどんな古典より多くの言語に翻訳されているのである。

ウィングはこう述べている。『道徳教』では、あまねく宇宙に作用し、すべての個人の中に潜在する、道という進化する力が探究されている。道というのは、正確に翻訳すると、「宇宙の営み」を意味する。徳は、自然の力を認識し、それと調和することから――適切なときに、適切な場所にいて、適切な心構えを持っていることから――生まれ得るエネルギーを表す言葉である。徳は「道」と調和していることによって生じる個人の力を説明している。「道」とは、あまねく宇宙に作用する進化する力だと考えていいだろう。

『道徳教』のもう一人の翻訳者、ライオネル・ジャイルズは次のように述べている。

こんなにも深遠な考えがこんなにも狭い世界に押し込められていた例はおそらくないだろう。宇宙には、白色矮星《はくしょくわいせい》と呼ばれる段階にある星が散在している。これらの星はきわめて小さいが、それを構成する原子があまりに密に集まるために、大きさに対して重さがとてつもなく重くなる。そのため大量のエネルギーの放射が起き、星の表面の温度は太陽の温度より常にはるかに高くなる。『道徳教』は哲学的文献における「白色矮星」と言うにふさわしいだろう。重く、ぎっしり詰まっていて、白い熱を帯びた考えを放射する知性を思い起こさせるのだ。

私はウィングの訳本にある記述を何度も読み返した。そして、『道徳教』が宇宙のエネルギー、すなわち「道」に関して、それがどういうものではないかを述べることによって、その性質を語っているのだと理解できるようになった。この宇宙のエネルギーは、ふつうの感覚を通して認識できるものではない。見ることも、聞くことも、手で触って感じることもできないのだ。それは直観的な知性の王国に住んでおり、物理的環境に対して与える影響や、考えや出来事や社会的変革に対して与える影響を通してのみ、知覚されるのである。

ウィングは、直観的な知が情報の最も純粋な形であると老子が考えている点に注目している。

> 『道徳教』の中で、彼は私たちに対し、直観を論理と対等のパートナーとして使い、周囲の世界に対する認知理解を個人の確固たるビジョンに結びつけるよう強く促す。……これによって私たちは実在に対する全体的で正確なビジョンを得る。なぜなら、私たちは考え方や変化や可能性――その時代ならではの考え方や、社会の進歩に伴う変化や、私たちがつくるかもしれない未来――をも知覚しているからである。それは芸術家や哲学者や先見の明のある人《ビジョナリー》のものの見方であり、いつの時代にも世界に影響をもたらしてきた見方である。

私は知識創造のより微妙な側面を理解したいと思っていたため、老子が述べていることと、私が長年の間に出会った理論物理学者たちの言葉とが調和しているのを、驚くべきことであると同時にきわめて腑に落ちることだと受け止めた。老子が残した哲学は一つの試みを提示している。それは、個人が人類の進化の次の段階、すなわち自分の運命と周囲の世界の運命とを導く、高い意識を持つ人間の段階に今まさに進もうとしているときに始める試みである。

どうやら私は、そうしたまだ見ぬ領域に関する自分の直接的な経験――ほとんどは自然の中でもたらされた経験――について、確証をくれるものを探し求めているようだった。

34

自然と神聖な空間

大自然の中で、自己認識が生まれ、やがてそれは、数千年前からいにしえの書の中で述べられてきた他とは一線を画す意識へと進化する。

私は物心がついた頃から絶えず自然の力を肌身で感じてきた。もっとも、その経験を人に説明するとなると、いつも一苦労だけれども。しかし、アメリカン・リーダーシップ・フォーラムのカリキュラムを練っているときには、私たちはみな信じて疑わなかった。大自然の中での経験を一年間のプログラムの中心にすれば、ボームからの助言を──「単一の知性としてコミュニティのために行動できるよう」、メンバーたちの間にある「みずからに設けてしまった境界」を壊しなさいという助言を実現できる、と。

私がボームに出会って一年ほどした頃、ハーバードの生物学者、E・O・ウィルソンが「バイオフィリア仮説」──進化の歴史によって、私たちには生まれつき自然を好む性質が備わっているとする説──を広めた。自然は、私たちが生きたいと思う場所の中にその魅力をのぞかせる。

窓から景色を見るなど、ほんの少し自然と触れるだけでも健康によいことは、多くの研究が示してきたとおりだ。入院患者は外の世界へと通じる窓があるほうが早く治るし、囚人も病気にかかりにくくなる。また、およそすべての先住民の文化が、さらには偉大な詩人や画家、ニュートンやアインシュタインのような科学者はみな、自然をこの上ない師だと考えている。

自然がもたらすそうした強力な影響を、私はよく知っていた。しかしその原因を理解したのは、アフリカの大自然の中で行われたネイチャー・レトリートのリーダー、イアン・プレーヤーに出会って何年も経ってからだった。プレーヤー博士は、南アフリカ・ワイルダーネス・リーダーシップ・スクールの創設者であり、しばしば「シロサイの救済者」と呼ばれる人である。

イアンと私は、二〇〇二年にパトン――私がユニリーバのアントニー・バーグマン会長に出会った村――で行われた会議で週末をともに過ごした。翌週はロンドンで会い、私はイアンの洞察に満ちた英知を可能な限りすべて吸収した。

イアンはこう説明した。何千年にもわたる人間の進化は、われわれの魂《プシュケ》に刻み込まれている。自然の中で一人で過ごすことが、遺伝コードの中核を成している。われわれは氷河期の終わりに生きていた人々、制限された自己を超えた、高い認知感覚や知を含め今日われわれの中に眠る能力を持っていた人々と、実質的に同じなのだ、と。

思うに、神話学者ジョーゼフ・キャンベルの次の言葉は、生《き》のままの大自然の中で生命のリズムを感じることについて述べたのではないだろうか。「われわれの心臓の鼓動のリズムは宇宙のリズムであり、この宇宙のリズムと調和したときに、生きていることを最も実感できる」。イアンは、自然の中に一人きりでいると、遠い過去の経験の世界に入ってふたたび自由になれる――それは私たちが「生まれながらにして持つ秘められた権利」だ、と語った。

恵み豊かな自然の力に対するイアンの考え方は、三十年以上に及ぶ私の直接体験、とりわけ動物――『シンクロニシティ』で紹介したグランド・ティトン国立公園のオコジョ、バハのクジラ、モンタナのピューマ――と通じ合うというたぐいまれな三度の経験から、たしかだと思われる。また、私が企業家的な衝動の源泉についてインタビューしたおよそすべての優れた人たち――ジョン・ミルトン、ブライアン・アーサー、デヴィッド・ボーム、パーリやプリンストンやハートマスで会った科学者たち――も、イアンの考え方を裏付けている。さらには、イノベーション・ラボの参加者に共通する経験も、イアンの考えを後押ししている。

大自然を旅することは、別世界への入り口となる経験だ。それがもとになり、そこから私たちのこの上ない特質と経験が生まれるのである。大自然の中で、自己認識が生まれ、やがてそれは、数千年前からいにしえの書の中で述べられてきた他とは一線を画す意識へと進化する。そうした意識は、世界各地において代々受け継がれてきた伝承の中に表されており、また十分に進化した形としては世界の主な宗教すべての中に確固として存在している。イノベーション・ラボの経営陣にとっては、そうした旅は自分たちの間につくってしまった境界をなくす働きをしてくれる。そして彼らが単一の知性として行動し、目の前の問題を解決できるようにしてくれる。

長い年月をかけてわかったのだが、グループやチームに神聖な場所へ行ってもらうと、新たな知へ近づく彼らの能力を高めることができる。また、どの文化にも、力を秘めた場所として称えられる特別な場所がある。日本語の「場」という言葉は、物理的な場所だけでなく、経験的な場所でもある。交流や人間関係のあり方が土台になり、互いにとって重要な仕事をしているときに、関係する人々の間で発展していくのである。この意味で使われる場合、場は時空を超越する。

そのような「整えられた空間」というテーマは、「場の論文」でも、ボストンで野中とともにひらいたサロンでも中心になっていた。場は、そこでこそ本物のダイアローグが生まれるとボームが話していた領域でもある。ボームは、そういう建設的な場は私たちの「意思とあり方」によって整えられると言っていた。ヤーンとダンは、領域がそのように整えられることは、科学界において受け入れられている、と述べていた。

私は、神聖な場と「整えられた空間」について交わしたティラー教授との会話について、二人に話をした。ティラーの研究によれば、電磁気や人間の影響から守られている乱数発生器に意思を送る、つまり「刻みつける」と、これらの効果は持続され、その周囲の空間に伝達さえされるという。また、教会や聖地などの神聖な場は「整えられた」空間であり、pH計や温度計で測れるたぐいの性質を保っている、ともティラーは述べている。「意思は、かつては……一貫性がなく弱いものでしたが、今はもっと不変で、直接的で、整ったものになっています」。整えられたそうした空間にはより多くの構造、すなわちより高いレベルの秩序があることが、ヤーンとダンの研究によって確認されている。

35　愛の力

いつか、風のことも波のことも潮の満ち引きのことも重力のことも
完全にわかるようになったら、
われわれは神のために愛のエネルギーを使うようになるだろう。
そして人間は歴史上二度目の火の発見をすることになるのだ。
——ピエール・テイヤール・ド・シャルダン

ヤーンとダンは次のように明言した。私たちが「源泉《ソース》」と呼んでいるものとたしかにつながるためには、奉仕や自己犠牲や愛というエネルギー場に迷いなく深くかかわることが不可欠だ、と。「自己を私心なく捧げることは、物理的実在に影響をもたらします」と彼らは言った。彼らがその結論に行き着いたのは、長年の発展的実践から生まれた個人的な信条だけでなく、「実験室での厳密な実験を何年も行い、毎日のように目にしてきた明らかで客観的な結果」がもとになっていた。そうした結果は、数千年にわたっていにしえの書の中で述べられてきた精神的《スピリチュアル》な教えと一致している、とも彼らは述べていた。

その結論——私心なく自己を捧げると物理的実在に影響がもたらされるという結論——は、理解を求めて旅をしている間、つまりロンドンでボームと出会ってからパーリで科学者たちと話したときに至るまで、私に対して示されてきた。それは、「意味を変えることはあり方を変えることだ」というボームの金言の中にも含まれていた。また、あの日パーリでのプレゼンの結びにリー・ニコルが述べた言葉の中でも、ボームの言う本物のダイアローグには「人間らしさを最も深く促すもの」が含まれている、という点が強調されていた。

私がとくに惹きつけられたのは、ヤーンが触れていたルイ・ド・ブロイ公爵の意見だった。ヤーンはブロイを「現代物理学の祖の一人」と呼んでいたが、その意見は、思考と行為を結びつけることにおいて深い思いやりが果たす役割に、大きくかかわっている。

あらゆる分野の人間の試み、とりわけ科学における思考と行動の深いつながりを哲学的に表現したいと思うなら、人間の魂の底知れぬ深淵にあるその源泉をぜひ見なければならない。哲学者はそれを、わかりやすいよう「愛」——われわれのあらゆる行動を管理する力、われわれのあらゆる喜び、あらゆる探究の源である力——と呼ぶかもしれない。思考とも行動とも分かちがたく結びついており、愛はその両方の共通の原動力に、したがって共通の絆になっている。未来を計画しようとする人々は、この絆を強固にすることについて重要な役割を担っている。

ジェネロンの共同設立者の一人、ビル・オブライエンは、一九七〇年代にハノーバー保険会社のＣＥＯを務めていた。第四段階のリーダーで、ハノーバーを第四段階初期の組織へと導いた。また、哲学者ピエール・テイヤール・ド・シャルダン――生きとし生けるもののつながり合いと一体性を強く意識した人だった――を生涯の師として仰いでいた。そんなビルと私は、現代の心理学、物理学、生態学における新しい考え方と、そうした考え方が道教やシャルダンの洞察の核心部分と一致していることについて、長時間にわたって話をした。ビルはよくシャルダンのこの言葉に注意を向けた。「いつか、風のことも波のことも潮の満ち引きのことも重力のことも完全にわかるようになったら、われわれは神のために愛のエネルギーを使うようになるだろう。そして人間は歴史上二度目の火の発見をすることになるのだ」

自分自身の経験と、これまでに出会った多くの師や仕事仲間や科学者たちの経験とを考え合わせると、最後の原理は次のようにまとめられると私は思った。

［4］自己実現と愛（すなわち宇宙で最も強力なエネルギー）への規律ある道を歩むという選択をすることによって、人間は源泉《ソース》の無限の可能性を引き出せるようになる。

その道では、数千年にわたって育まれてきた、いにしえの考えや、瞑想の実践や、豊かな自然の営みに直接触れることから、さまざまな教えを受けることになる。

36

規律ある道

人生には源泉《ソース》が活発に働くときがあります。
その流れに乗ることは可能ですが、
それは、流れに乗るにふさわしくあるために、
するべきことを積極的にしている場合です。
――ジョン・ミルトン

ボームはこう考えていた。肉体は「一人ひとりの、予期せぬ大量の情報への入り口」になる。もしその人が「たゆむことなく深い」個人的な鍛錬をするならば、と。この避けがたい人生の現実は、はるか昔から知られている。また、ヤーンとダンの話にあった、源泉《ソース》との意思疎通を高めるのに不可欠なことの一つでもある。ヤーンとダンは、瞑想や気功やヨガを行うと源泉《ソース》とつながりやすくなる、とはっきり述べていたのである。言うまでもないが、同じ原則は、ジョン・ミルトンの気づきのトレーニングや、成功している企業を研究しているときにハートマスの研究チームが見出したことのまさに核になっている。ブライアンは香港で道教の師とともに数年を過ごしたとき、そうした修行に集中して取り組んでいた。マイケル・ポランニーは「古代の黙想の仕方」につい

て詳細に記したが、それは「知覚の知的枠組みからだけでなく、個人の転生する生命としての存在そのものからもわれわれを解放して」、発見と革新を可能にするよう考えられたものだった。

最新の科学的研究では、こうしたよく考えられた修行を長期にわたって実践すると、脳や中枢神経系に変化が生まれ、新たなレベルの気づきが生まれうることが確認されている。選ぶ観想的な修行が、瞑想だろうと、気功だろうと、合気道、太極拳、あるいは世界中にさまざまある他の鍛錬法であろうと、それはあまり重要ではない。大切なのは、自己実現への規律ある道を進んでいく覚悟である。

しかし、その手の鍛錬法について全くの初心者である場合、どのように始めればいいのだろう？

❖

まず注意すべきことは、「どのように始めればいいのか」という問いが生まれる状況には、個人と集団の二つの場合がある点だ。ウェーコの惨事やイノベーション・ラボでは、「どうすれば集団として源泉《ソース》とつながれるだろう」という問いが生じた。これについては後述する。

しかし個人として源泉《ソース》とつながる場合、その経験にはさまざまなタイプがある。突然ひらめきを得るという経験をする場合もある。

たとえば、バハ・カリフォルニアであのクジラたちと出会ったとき、私は人生ががらりと変わったことを悟り、くずおれるように膝を折ってむせび泣いた。そしてその経験をしたことで、グローバル・リーダーシップ・イニシアチブを創設するというゆるぎない覚悟が生まれた。

また別の場合には、人が（あるいは集団が）長い時間《とき》をかけて難しい問題を解決しようと努力し続け、あるとき不意にひらめくこともある（収穫逓増の理論を唱えたブライアンや、ポリオワクチンを開発したジョナス・ソークのように）。

あるいは、重要な知が源泉《ソース》から突然わいてくるという場合もある。例を挙げるなら、私が、どんなことをしてでもブライアン・アーサーに連絡しなければと気づいたことや、私の友人で、ユニリーバの取締役会の一員でありヨーロッパ担当プレジデントでもあるキーズ・ヴァン・ダー・グラーフが経験したことなどだ。キーズと経営チームは、きわめて複雑で変わりやすいビジネス環境に対処すべく確固たる戦略を見つけようと努力を続けていたが、直面している課題に対し満足のいく解決策を全く見つけられずにいた。ところが、モンタナの大自然の中でソロ・キャンプをしているときのこと、キーズは不意に、どう進めばいいかひらめいた。そしてシャツのポケットから小さなメモ帳を取り出し、一時間以上の間メモ帳がいっぱいになるまで夢中で書き続けた。突破口を見出せたことを受けて、彼は仲間たちに告げた。「どうすべきか、わかった」。その声に、迷いはみじんもなかった。

また、私が「源泉《ソース》に拠った暮らしや仕事」と呼んでいることを経験する場合もある。それは、意思決定や創造的な問題解決策として、ドラマチックとはいえないけれども日常的に経験できるものであり、さまざまな意味で、よりドラマチックな啓示と同じくらい重要なものである。一例を挙げると、それは二〇〇五年、私がボストンのノースショアに住んでいたときに起きた。その数年前から私はバーモント州のストウへ移ろうかどうしようかと考えていたが、良い点と悪い点を並べるうちに、頭の中がこんがらかってしまった。いろいろな考えがありすぎるのだ。それで引っ越すという考えを棚上げし、忘れてしまった。

その後、ある早朝に裏庭で気功をしているときに突然、目の前で考えがフラッシュした。「家を売って、ストウへ引っ越しなさい」。私は気功を終えると、家の中へ入ってほんの少しの間考えた。それからためらうことなく受話器を取って、不動産業を営む友人にかけた。当時住んでいた家は、その七年前に彼から買ったのだった。「ロン、家を売ることにした。査定して、売りに出してほしい」。このときの私の声にも、心にも、迷いはなかった。不安もなかった。それは最終決定だった。あとでわかったことだが、人生についてのよい決定でもあった。

余談だが、翌朝ロンが電話でおよその販売価格を伝えてくれた。その価格で売りに出したところ、昼を待たずロンがまた電話をかけてきた。「信じられないと思うけど、ウェストコーストに住んでいる大学の先生がすごく関心を持ってる。今日の午後、夫婦で家を見に来てもらってもいいかい?」翌朝、私たちは提示価格で売るということで契約書にサインをし、一カ月後、私はストウへ移った。

❖

「源泉《ソース》に拠った暮らしや仕事」ができるようになるには、肝に銘じておくべき点が三つある。

[1] あきらめから可能性への変化

世界はひらかれ、可能性にあふれていると考えると、心のあり方が根本から変わり、源泉《ソース》への扉がひらかれる。私たちには一人ひとりに、畏敬や驚嘆や畏怖の念を抱く力がある。人間には、人生に尽くしたり、学んだり、知ったり、わくわくする発見を経験したりしようとする情熱も生まれつき備わっている。ポランニーが述べる道の中心には、隠された意味の情熱的な探究——過去に存在したことのない重要なものを創り出す行為——がある。私たちはみな、自分の成長を妨げるものを手放すことを、一人ひとりの中に眠っている可能性を解き放つことを、選択できるのである。

[2] 内面《インナー・ワーク》を鍛える

●観想的な修行

観想的な修行の中で、最も始めやすく、かつ伝統として確立されているのは、間違いなく瞑想である。瞑想という修行では二つの段階を経験する。一つは集中であり、この段階では心の穏やかさと安定が実践者にもたらされる。集中することによって、マインドフルネスというもう一つの段階へ移る。ここに至ると、実践者はさまざまなものごとの間のより素晴らしい関係が見えるようになり、「はるかに広い領域の情報、無尽蔵に豊かな場所」に近づけるようになる。そのような意識を日常に取り入れると、あらゆることに影響が及ぶ。そうした意識はまさにその次の瞬間に影響を与えるからである。「そのような意識は創造性に富んでいます。新たな可能性をどんどん生み出すのです」。これこそが、リー・ニコルがパーリで、思考を超えたもの——根源的な意識、全く新しいタイプの洞察である意識——が作用し始めるという話をしたときに述べていた段階である。

●エネルギーに関する修行

瞑想を補完するものとして重要なのは、エネルギーに関する修行、つまり、宇宙のエネルギーを高める修行である。宇宙のエネルギーを高める方法には、気功、太極拳、合気道など数多くある。東洋で群を抜いて広く行われているのは気功だ。気は「生命エネルギー」の意味を表す中国の言葉である。漢方医学によれば、気は生きとし生けるものの中をめぐる、活力をみなぎらせるパワーだという。気功は古くから伝わる鍛錬法であり、体を動かしたり、逆にじっと静止したり、呼吸法や、瞑想も含んでいる。気功を行うと、気が体内に徐々にたまり、蓄えられていく。練習は一般に、一日二十〜四十分行う。朝、自然の中で行うのが望ましい。今日では、困難だがやりがいのある状況、とりわけ当たれば大きい状況に直面しているときに、冷静さを保ち、賢明な選択ができるよう後押ししてくれるものであるとして、気功は実業界でも認められるようになってきている。

私が出会った非凡な人々の多くが、エネルギーに関する修行は知覚を研ぎすまさせてくれると述べている。そして、知覚が研ぎすまされると、源泉《ソース》とつながりやすくなる。こうした鍛錬法をこれから始める人には、次の二冊を読むことを強くお勧めする。ジョン・P・ミルトンの『長寿のための気功』（*Qigong for Long Life*）と、ケニス・S・コーエンの『気功の仕方』（*The Way of Qigong*）である。コーエンはこう述べている。「気功は直観を強くする。シンクロニシティが起きるのがおよそ当たり前になり、いつのまにか、適切なときに適切な場所にいることが増えていく」

●自然の中で過ごすこと

自然の中で静かな時間を過ごすと、それが個人の成長にとって重要なはじめの一歩となり、源泉《ソース》と結びつけるようになる。朝早く裏庭や公園で気功を行うのは、源泉《ソース》としっかりとつながり続けるための申し分ない方法だ。自然の中を一人で歩くこと――朝早くに公園や樹木園を歩く、など――も、理想的な鍛錬法である。私は可能なときには、かつて鍛錬を行っていたなじみのある自然の中へふたたび行くようにしている。これは人間世界で強い関係を築くときと同じ原理である。

十二〜十八カ月ごとに大自然の中で過ごすことは、宇宙のエネルギーとの結びつきや源泉《ソース》とのつながりを格段に深める強力な方法になる。

また、人生の重要な決断なのに科学的な決定理論では決められないこと、たとえば「この人と結婚すべきだろうか」「今の仕事を続けるべきだろうか」「会社を売却すべきだろうか」「株式を公開すべきだろうか」といった決断を迫られているときには、ブライアン・アーサーの助言に従って大自然の中へ行き、その環境から現れるヒントや兆候に気づけるよう、必要な鍛錬をしよう。あとはそのままにしておくこと。森の中を一人で長い時間をかけて歩き、「意識のより深い領域」へ行こう。そして自分の内なる知に従おう。

［3］即座に行動する勇気

内なる知――すなわち源泉《ソース》――の声に耳を傾けるには勇気が必要だ。けれども、ひとたびその声が聞こえるようになると、決心するのがきわめて楽になる。考えることも作戦を練ることもない。ただ「わかる」のである。それは、心の奥底から現れる、鋼《はがね》の自信とでもいうべきものだ。何ものも恐れない気持ち、ふだんの行動の中では起きない一か八かの賭けをするような大胆な意思が、そうした瞬間にはわき起こる。そしてひそかに、その賭けが十分に勝算のあるものだと知るのである。

たとえば、私がヒューストン近くにあるシェル研修センターの大ホールの後方席に座っていたときのことを例にとってみよう。グレン・ティルトンの言葉を聞いたとき、私はまるで電源スイッチがオンになったかのようになった。膨大なエネルギーが解放されたのだ。デヴィッド・ピートはこう表現した。「その瞬間に解放される創造的エネルギーは、たとえるなら核反応で解放されるエネルギーのようなものであり、同時に原子核の内部構造が再構成されます。エネルギーは新たな可能性へと向けられます。未来とその無限の可能性が、創造的な変化に対してひらかれるのです」

ティルトンが挨拶を述べ終えると、私は急いでゲーリー・ジュセラとの昼食をセッティングし、翌朝彼とジム・モーガンとに胸の内を打ち明けた。提案をどのように言葉にして伝えるか、私は計画も作戦も全く立てていなかった。何か意識的な考えがあったわけではなく、それはただ私の中からあふれ出てきたのだ。それこそが、すなわち興奮、明瞭さ、考えるより前にわかること、絶対的な確信こそが、飛躍的な前進に伴う特徴なのである。

❖

長い時間《とき》をかけて、私は重要な人生の教訓を学んだ。源泉《ソース》に拠って行動しているときは疑問の余地がない、ということを。何をすべきかはわかっている、だからただそれをすればいい。それが適切であることが「わかる」のだ。

37 第四段階のリーダーシップを育てる

知はあり方如何《いかん》によって変わる。
――オルダス・ハクスリー

第四段階のリーダーシップの根幹をなす特徴について、その価値観や性質をどう話したらいいか、ずっと考えてきた。そしてこう思うようになった。最もよいのは、仕事をともにする機会を得た、この段階のリーダーとしてわかりやすい例といえる人、ジェームズ・B・ストックデール提督について話すことだ、と。また、ジェームズ・ストックデールの話には、不可欠な性質としてどのような心構えがあれば源泉《ソース》の中で生き、源泉《ソース》に拠って行動できるようになるのかも示される。

一九八〇年に会ったとき、ストックデール提督は、その少し前に海軍大学の校長の職を辞し、スタンフォード大学で哲学を教えるようになっていた。私はアメリカン・リーダーシップ・フォーラムの評議会委員になってほしいと依頼し、ストックデールはカリキュラムづくりを手伝ったりパイロットコースを担当したりして、九年の間、私たちと仕事をともにしてくれた。

親しく話をする中でストックデールに教わったことは、素晴らしい贈り物になった。戦争捕虜としての彼の経験は、源泉《ソース》とは何かを探る私の旅にとってきわめて意義深い。とくに貴重だったのは、トラウマになるような経験をしてなお自己実現を可能にするのに不可欠な個人的特徴に関する部分だった。

そうした特徴を育てることとは、永遠の哲学のテーマである。永遠の哲学を、哲学者オルダス・ハクスリーは次のようなものだと述べている。「神的〈実在〉を、物と命と心の世界における本質であると認識する形而上学であり、神的〈実在〉に類似する、あるいは同一でさえあるものを、〈魂〉の中に見出す心理学であり、あらゆる存在に内在していると同時に超越している〈根拠〉を知ることを究極の目的とする倫理学であり――悠久の昔から普遍的に存在してきたもの」である、と。さらに次のようにも述べた。「永遠の哲学の始まりは、世界各地の原始民族に受け継がれる伝承の中に認められ、また十分に進化した形としては、より高度なすべての宗教の中に確固として存在している。（ライプニッツ）以前にしろ以後にしろあらゆる神学理論における〈最大の共通因子〉というべきこの永遠の哲学は二五〇〇年以上前に初めて書き表され、以来この究めることなど決してできないだろうテーマは、アジアとヨーロッパにおいて、あらゆる宗教的伝統の観点から、あらゆる主要な言語で、何度も何度も取り上げられてきた」（『永遠の哲学』〔平河出版社〕参照）

根源知とつながるのに不可欠な条件に言及して、ハクスリーは「即座の理解と直観力」と述べた。彼は次のように書いている。

知はあり方如何によって変わる。知を持つ人のあり方が変われば、それに伴って、知の性質や量も変わるのだ……われわれが何を知るかは、精神的なあり方に関して、自分を自分たらしめるのに何を選ぶかにかかっている。ウィリアム・ジェームズの言葉を借りるなら、こういうことになる。「鍛錬すれば、二つの点で、理論的な限界を変えることが叶う。すなわち、新たな世界へ導かれ、新たなパワーを手に入れることができる。今のままでいたら決して得ることのできない知は、よりすぐれたパワーやより質の高い人生を手に入れた結果として得ることができるのだ」。……こうした実在のあり方をすぐさますんなり理解するのは難しい――ある条件、すなわち愛すべき、純情で、理屈をこねない人間になる、という条件を満たす人を除いては。……世俗的なふつうの環境にあってはそうした人になる可能性は眠ったまま現れることはない。そういう可能性を実現しようと思うなら、条件を満たしてルール――実際に経験して妥当だとわかっている条件およびルール――に従う必要がある。

一九六五年九月、当時空軍中佐だったストックデールは北ベトナムでの空爆作戦中に撃墜され、緊急脱出するもその折に足をひどく骨折した。ストックデールは捕らわれ、ハノイの中心部にある収容所に連れていかれた。それから七年半をその収容所で（うち四年は独房で）過ごした。捕虜になった兵士たちの中にあって、彼には高官として、行動規範を決め、気力を維持する責任があった。敵には、その階級のために、政治的に利用価値が高いと思われていた。

北ベトナム兵たちは、いずれストックデールの意思がくじけたら、プロパガンダの目的で利用できるようになると考えていた。そのため残酷きわまりない拷問にかけたり、脅したり、隔離したりした。しかし彼は、知性と勇気と並外れた創造性をもって対応した。一九七三年春に解放されるとほどなく、勇敢さと、命を懸けて仲間の捕虜たちを守ったことに対し、アメリカで最高位の勲章である名誉勲章を授与された。

ストックデールはしぶしぶながら、七年半の間どんなことに堪え忍んだか、少し話してくれた。狭く、暗く、不潔で、窓のない「コンクリートの箱」の独房にいたこと。しょっちゅう、「血まみれの肉塊になるまで」殴られたこと。一度に何週間も「拷問用の手錠」をかけられたこと。続けて何週間も檻《おり》に閉じ込められたこと。「止血帯を振りまわし、人を赤ん坊のように泣きわめかせる拷問のプロ」にロープでぐるぐる巻きにされたこと。

「知っているのだ、ということがわかると、それが何であれ、彼らはあなたに話させることができます」と彼は言った。「コツは、いつどんなときも、彼らに本当のことを言わないこと、あなたが何を知っているか、彼らに本当のところを決してつかませないことです」。ストックデールは、演劇の先生だった母親から、子どもの頃に演技を教わった。それを活かして、敵の思うつぼにはまることはなかった。また、過酷な状況でありながら、タップコード・システム［壁などを叩くことによる通信方法］を考案し、仲間の囚人たちに教えて、独房に入れられているときも意思を伝え合えられるようにした。

さらに、捕虜となって二年目には、妻シビルと交わす手紙を利用して、アメリカ海軍情報部と連絡を取り合った。彼の尿を使い、目につきにくい特別なカーボン紙をシビルから送られた写真とその裏打ちの間に挟む、という手段を講じたのである。驚いたことに、彼はタップコード・システムを使って判明した四十人ほどのアメリカ人捕虜の名前を情報部に送った。また、収容所で行われている拷問についての説明と統計データも送った。彼によれば、収容所で生きているときには目標が二つあったという。「現実問題として日々生き残ること」と「名誉ある帰国を果たすこと」だった。

私はストックデールと数時間にわたり、その過酷な経験について、そしてなぜ、生き延びられただけでなく驚くほど高い志を持って数年もの間行動できたのかについて話をした。彼の答えは、「用意は自然に整っていた」だった。その過酷な経験をする前もしているときも、彼は着実に準備を整えていたのである。

囚われの身になるより前に、彼は独立独行と自尊心という行動指針を支える、しっかりとした一連の価値観を育てていた。それが自分の行動の基盤になっています、と彼は言った。そして、スタンフォード大学院で学ぶ最後の日に哲学の教授から贈られた贈り物を見せてくれた。それはエピクテトスによる『提要』（*The Enchiridion*）だった。エピクテトスはローマの奴隷の息子で、その本は当時の武官向けの手引き書だったと考えられている。ストックデールはその晩に読み、困惑した。「なぜ教授は餞別にこの本を選んだのだろう。私は部下を束ねる職にあり、戦闘機のパイロットで、時代の先端を行くテクノロジーについても詳しく知っている。アウレリウスの時代のストア派の基礎を、どうすれば私の日常生活に活かせるというのだろう。そうした疑問に対する答えを、私はベトナムで得ました」と彼は語った。「一九六五年に戦闘機から脱出したとき、私はテクノロジーの世界を離れ、エピクテトスの世界に入ることになったのです」
ストックデールは、自然に用意を整えていたという話のポイントを、次の四つにまとめた。

【1】高潔さ——真実に対する献身

「何にもまして、正しい心を持ち続けること。高潔さを失わないなら、傷つけられることも傷つくこともありません……口が立ち、頭がよく、何につけても醒めた姿勢でいる人たちは、相応の地位に就いてうまくやっていきます——慌てふためく事態が起きるまでは。しかし危機的な状況になったら、信頼できるとわかっている人——醒めた姿勢をとることなく、積極的にかかわっている人——や正しい心を持っている人にしがみつくのです……」

【2】責任を引き受けることと責務の遂行

「責務は、法律で決まっているからでも、神や人に言われるからでもなく、果たすのが当たり前です。この理解を、私たちは約束をしたり誓いを立てたり税の支払い義務を負ったりといった、何らかの責務を引き受けるべきときはいつでも共有しています。上の人の命令がなくても、です。その意味で責務には絶対的な性質があります。責務はそれ自体が理由なのです。何かほかのものによって説明される必要は、とりわけ賞罰がかかわる場合にはありません。これはソクラテスの教えです。ソクラテスは人々に、法に従い、借金を返し、義務を果たすよう、促しました。譴責《けんせき》や処罰の痛みを避けるためではなく、単に、するのが当たり前だからです」

[3] 自己鍛錬と満足の先送り

捕虜となって過酷な経験をする前も最中もそのあとも、ストックデールが指針として拠り所にしていたのは、「自己鍛錬は自尊心を持つのに不可欠だ。自分を甘やかすことは身を滅ぼす」だった。日々決まったことに取り組むのは、心と精神の健康に絶対欠かせない、というのである。収容所で、彼と仲間の捕虜たちは、「動物にならないために」日課として何かをする必要があると気がついた。ストックデールの話では、ほぼ全員が祈りや瞑想、体操、秘密の通信を毎日行ったという。「私は一日に四〇〇回、腕立て伏せをしました。鉄の足かせをはめられているときもです。できなかった日には罪悪感を覚えました」。さらにこうも言った。「祈るときは、中身のある考えについて、高尚な言葉を使って祈りました」

[4] 愛とコミュニティ

ストックデールは愛と仲間とコミュニティの力を知り尽くしていた。「いったい何が支えになっていたのですか。あなたが最も価値を置いていたものは何ですか」と尋ねられると、彼は決まって答えた。「すぐそばにいる人ですよ」と。仲間であることや、信頼という絆や、互いを思い合う愛情にはとてつもないパワーがある、というゆるぎない信念が彼にはあった。「そうした愛情や、絆や、信頼し合う気持ちは、人間が誕生して以来ずっと存在し続けてきた力――自由で、豊かな、なのに悲観的な見方にあふれた時代にあって、私たちが忘れてしまっている力――の源なのです」と彼は言った。「収容所にいたとき、私たち捕虜の間ではみながまさしく兄弟になりました。それぞれの自尊心と、仲間の間で得る高い評価が、生きる糧になったのです」

ストックデールは、一つ目の指針は自分にとって、兄弟たちに対して責任を負うことだ、と書いている。

人が人を支配しようとする環境――収容所や、融通の利かないヒエラルキー組織や、肥大化した官僚制度など――では、自分のことだけを考えて自分の立場をよくしたいという誘惑が常にある。しかしながら遅かれ早かれ明らかになる。自分にとってもほかのメンバーにとってもはるかによいのは、すなわち幸せや自尊心や生き残ることにとってカギとなるのは、全員が一致団結するという誰もが望む理想に対して、自分だけよければいいという本能的な考えを引っ込めることだ、と。

日和見《ひよりみ》主義者は、仲間を踏みつけたり、仲間の手柄を横取りしたり、自己本位な振る舞いをわざとしたりすることによって、驚くほど早く利益を得るかもしれない。しかし、信用と仲間とを失うたび、自尊心も失っていくのである。

ストックデールは自分というものをまるで出さない人で、信仰や神について話すこともおよそなかった。ところがその彼がこんな話をしてくれた。監禁状態にあったときのこと、死を意識した瞬間に突然、目の前にキリストの顔が「どこからともなく現れた」。それは、アメリカ海軍兵学校の礼拝堂で、日曜ごとに見ていた、祭壇のすぐ後ろにある窓のステンドグラスに描かれているのと同じ顔だったという。

「キリストがまっすぐ私を見つめているんです。私が新入生で、毎日曜の礼拝の時間にその前に座り海軍兵学校で成功するよう祈っていたときに見つめていたのと同じように」

キリストの顔が見えたまさにその瞬間、ストックデールはとっさの判断をし、ちょうど独房に入ってきた二人の番人に秘密のメッセージを発見されるのを避けることができた。

源泉《ソース》とのつながりは、さまざまな形でやってくる。思うに、ストックデールの場合はその信心のために、究極の危機が迫った瞬間、海軍兵学校の祭壇の向こうに昔見たイメージという形で、そのつながりが「見えた」のだろう。そして、源泉《ソース》とつながったとたん彼の鍛錬と責任感と信仰が一つになり、命を救う判断を瞬時にさせるという「知」がもたらされたのだった。

38

第四段階の組織の足場をつくる

組織が成長するにつれて、
コア・プラクティスがその組織の文化を特徴づけ、
やがて「あり方」になっていく。

現代の組織は激しい変化とますます複雑化する環境に直面しており、しかもそうした変化はかつてない規模と勢いとスピードで進んでいる。世界の経済的基盤がもっと静的だったものから動的なものへと変容するなら、それに応じてリーダーシップの質も変わらなければならない。この新たな環境で成功するため、組織のリーダーは、物言わぬ知の源泉《ソース》に、重要なイノベーションを生み出す深遠な源泉《ソース》に注目する必要があるのだ。

現場主任から組織のトップまで、そうした知を備えたリーダーが導く組織は、今後数十年で大きく成長するだろう。成功を収め、そのために、いよいよ複雑さが増して混乱していくただ中《なか》にあって何が可能かを示す生きた手本になるだろう。そうした第四段階の組織はより包括的な世界観――文明が現代の課題を克服できるような信念体系――を確立するのに主導的な役割を果たしていくのだ。

第四段階まで進歩したそうした組織は、イノベーションとアクションを促して、高度な意思決定や斬新な戦略策定、業務上の卓越性、大規模な革新を可能にするような活動を展開しなければならない。そうした活動を展開し、成功させるには、人間と同じように組織にも、段階を追って成長してもらう必要がある。人間の発達段階が組織の発達の原型になっているというリーヴァフッドの洞察を思い起こしてみよう。

組織は成熟までの階段を一段一段、体系的に上っていく。最高責任者や経営幹部チームによってなされる第四段階へ進もうという決意は、ポランニーが知識創造の構造――知の進化の過程において、あらゆる分野の革新者がする発見の旅――の中で述べている決意と同じだ。それは幹部チームの神聖な仕事であり、チームは、いっそう複雑になり変化も加速していく環境に直面しながらも繁栄するために、組織の可能性を伸ばす責任感によって突き動かされる。深遠な意味で、それはかつてない成熟への道を追求しようと尽力することなのである。

❖

組織全体を第四段階へ成長させるには、多くのアクションが必要だ。

●幹部チームが成長すること、および、十分な人数《クリティカル・マス》のチェンジリーダーがコミットメントを示して乗数効果を生むことに重点的に取り組む。

●組織の指針となる考えや基本的前提（「四つの原理」に示したものや、三十六章で概要を述べた三つの肝に銘じておくべきことに類するもの）に磨きをかけ、再確認する。

●組織の可能性を引き出すのに必要な、三つないし五つの重要な変化に重点的に取り組む。重要ないくつかの要素にまず集中すると、取り組みに一貫性を持たせることができる。

●すでにある前向きな態度や行動や習慣をいっそう良いものにし、さらに上をめざせる可能性に対して個人や組織の視野が広がるようにする。成熟度が増してきた組織は成長初期にある個人や組織に比べ、自己修正したり失敗から学んだりする力が伸びてくる。

●個人が成長・向上する機会を、組織の至るところに設ける。

成功のために決して犯してはならないのは、あまり知られていないが、「組織の発展的成長の足場をつくる」という原則である。「足場をつくる」という言葉はロシアの心理学者、レフ・ヴィゴツキーに由来する。ヴィゴツキーがこの言葉を使って言わんとしているのは、子どもが可能性を最大限に伸ばせるようその新たな成長と発達を促すために学習におけるさまざまな協働作業に参加させる、ということである。企業での足場づくりは、社員の成長と作業行動を調和させ、業務の処理が学びの手段として使われる機会を日常的に提供することである。すると、どの作業や業務を行うときも、「四つの原理」に示した、より包括的な世界観に伴う意識を持てるようになる。

足場は、一人ひとりが自分の学んだことを積極的にほかの人に教えると同時にほかの人からも新しい知識を学べるよう、組織がつくる基礎構造である。こうすることで、第四段階において当たり前であることが、組織の日常の骨組みとして組み込まれていく。

支え合いの質が変わるには長い時間がかかる。うまくサポートできる人であれば、相手の成長段階や現在の熟練度に合わせて、支援の程度を調整する。これまでと違う作業をするときはあれこれ手助けし、相手が成長して能力も高くなってきていればあまり手を貸さない、といった具合だ。これによって相手の自律性や一人でしっかり作業することを促すのである。

最高責任者や幹部チームは会社を、教え合い学び合うコミュニティへと、日常の業務を通じて全員が成熟するシステムへと成長させていく。仕事が教育法、すなわち教え合うための体系的な技術になるのである。カズはこの分野のパイオニアであり、これを第四段階の企業を育てるための「特別なものの何もない」アプローチと呼んでいる。

❖

組織が成長するにつれて、コア・プラクティスがその組織の文化を特徴づけ、やがて「あり方」

になっていく。どの組織にも独自の文化——パターン化している共有の基本的前提や、指針となる考えや、活動方針、コア・プラクティス——がある。そうした核となる要素が組織の至るところに適切に導入され活用されると、組織は目を見はるような高いレベルで活動できるようになる。新たなUプロセス——私たちは「実りある発見《ジェネラティブ・ディスカバリー》」呼んでいる——の七つのコア・プラクティスは、「四つの原理」に示される世界観を持って実践されると、最高の効果を発揮する。

[1] 準備する

心のセルフマネジメントという規律ある道を歩み始める。

[2] 情熱を燃え上がらせる

どこまでも探究することを固く誓う。求められる解決策が隠れた可能性として存在するという、きわめて個人的な予測に導いてもらう。

[3] 観察し、集中する

新鮮な目で現実を見る。判断を脇へ置き、存在するデータに集中する。

[4] 手放す

現在持っているメンタルモデルや、ものの見方や、世界観を手放す。いわば「孵化《ふか》」の段階に入る。

［5］内在とひらめき

その取り組みにどっぷり浸かり、その仕事に没頭し、その経験に夢中になる。レトリートをし、学びと新たな知への入り口として自然の恵み豊かなプロセスを使う。やがて啓示——新たな現実に対する知覚——を得て、隠された解決策を見出す。

［6］結晶化《クリスタライジング》とプロトタイピング

結晶化とプロトタイピングの段階を進み、見出されるものを明らかにする。

［7］テストと確認

新たな知を、有効な製品や決定や戦略へ変える。

以上の七つのプラクティスは、たった一つの経験を体系化したものだ——宇宙に潜んでいる可能性を実現し、私たちの合理的な理解を超

実りある発見《ジェネラティブ・ディスカバリー》へのプロセス

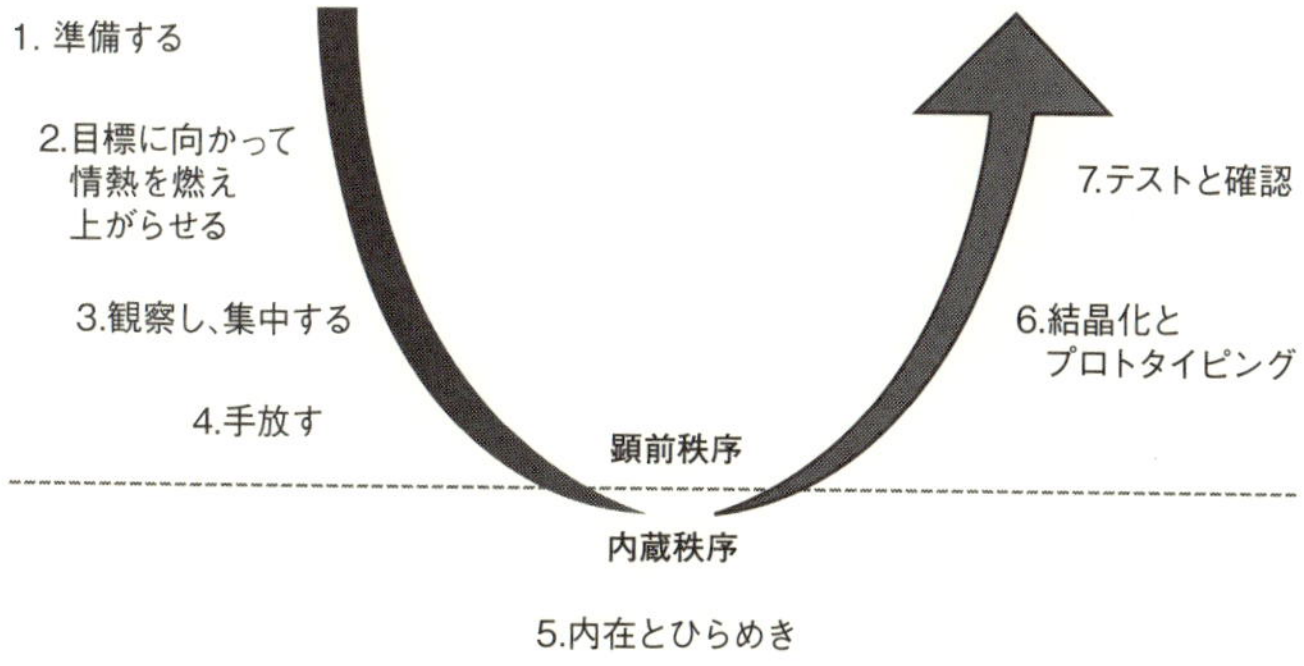

えた実在の秩序を見出し、今まさに現れようとしているものと共同で創造するという経験である。ジェネラティブ・ディスカバリー、すなわち進化したUプロセスのこの過程は、ボームをはじめ、ブライアン・アーサーや、パーリおよびプリンストンで出会った科学者たちや、ポランニーが表現していた考えを含んでおり、組織を第四段階へ進化させるためにも、組織が際立ったレベルで活動できるようにする知を創造するためにも欠かせないものである。

ジェネラティブ・ディスカバリーのプロセスとあまり成功しなかった実証プロジェクト（小児栄養パートナーシップ）で使われたプロセスとの間には重大な違いがある。もともとのUプロセスを使った実証プロジェクトでは、知性と、長年にわたる組織開発およびファシリテーションの経験が重視された。しかしジェネラティブ・ディスカバリーの本質は、（一）異なる世界観に対してオープンであり、（二）人間の可能性を重視するというスタンスに立って行動し、（三）宇宙すなわち能動的情報場の豊かな秩序——源泉《ソース》——を活用するものなのである。

❖

七つのプラクティスは、個別のプロジェクトでイノベーション・ラボとして使うこともできる——私たちが「同盟」プロジェクトや実証プロジェクトで使ったように。そうした使い方をするときは、ラボ・チームのメンバー選出がきわめて重要だ。チームは組織や影響を受ける部署を代表する「小宇宙」でなければならないのである。その重要性を、ヘンリー・ボルトフトがパーリで強く主張していた。彼は「ホールシステムを一カ所に集めた」うえで、チームの目的や価値観がイノベーション・ラボの成功に対して果たす役割に関し、最終的な話し合いをすることについて述べていた。

ジェネラティブ・ディスカバリーのプロセスは全体が意味に満ちている。中核にあるのは真実と愛だ。ラボ・チームの集団としての「意思とあり方」——対象となるホールシステムに対する敬意と深い気遣い——によって、ボームが話していた境界の崩壊がもたらされ、チームは組織のために単一の知性として行動できるようになる。この一体性が起きた瞬間、メンバーたちは徐々に明らかになる豊かな秩序、すなわち完全なる全体性——個々の発見はここから生み出されるように見える——から行動するようになる。そしてまさにその刹那に、プロジェクト全体とシステム全体の利益となる際立った新たな現実が現れる。

このプロセスのポイントは、現れようとする現実

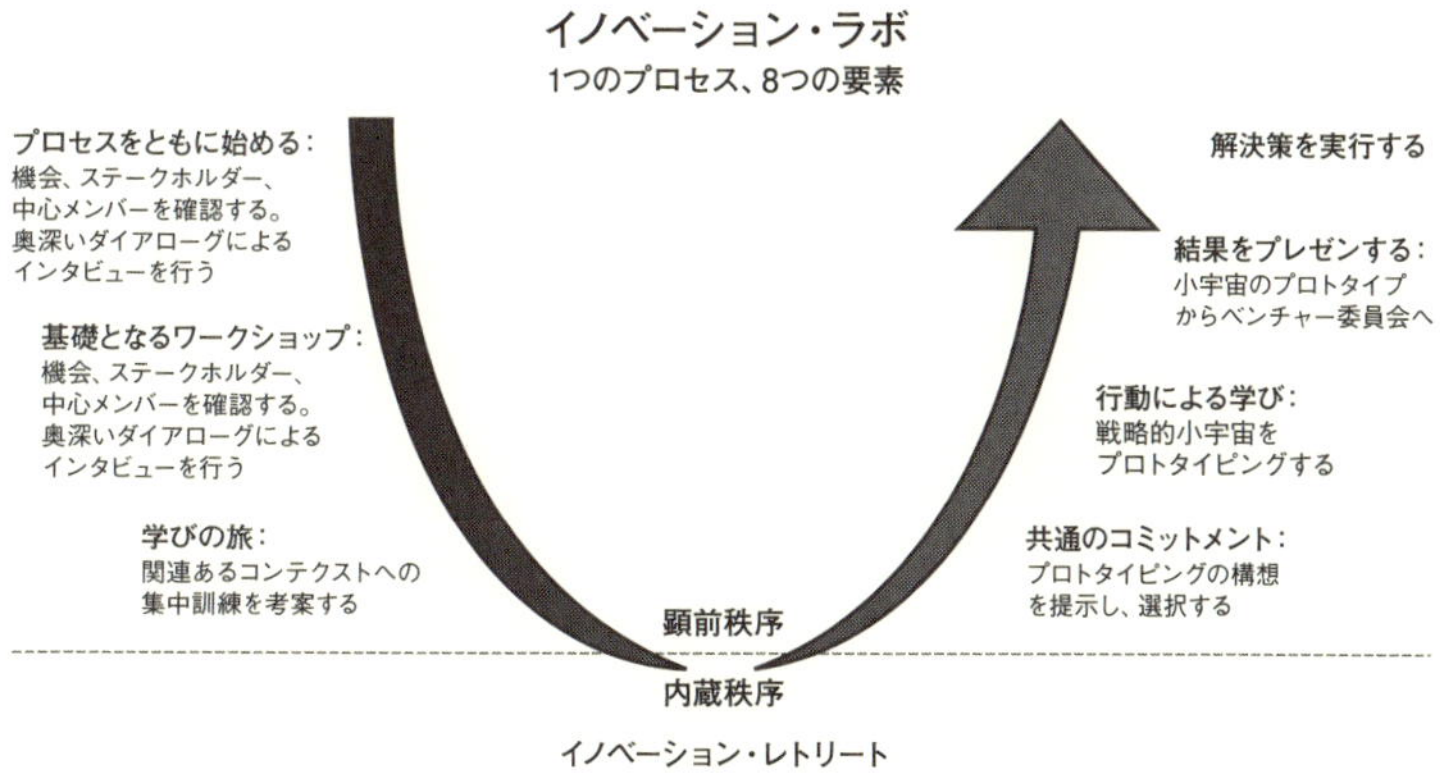
イノベーション・ラボ
1つのプロセス、8つの要素
プロセスをともに始める：
機会、ステークホルダー、
中心メンバーを確認する。
奥深いダイアローグによる
インタビューを行う
基礎となるワークショップ：
機会、ステークホルダー、
中心メンバーを確認する。
奥深いダイアローグによる
インタビューを行う
学びの旅：
関連あるコンテクストへの
集中訓練を考案する
顕前秩序
内蔵秩序
イノベーション・レトリート
共通のコミットメント：
プロトタイピングの構想
を提示し、選択する
行動による学び：
戦略的小宇宙を
プロトタイピングする
結果をプレゼンする：
小宇宙のプロトタイプ
からベンチャー委員会へ
解決策を実行する

がそれが望むとおりに現れるよう考えられていることだ。そのように未来のために行動するには、強い責任感と無私無欲であることが欠かせない。思うに、それが理由でポランニーはこういう取り組み方を表すのに「信託に基づいた行動」という言葉を使ったのではないだろうか。「信託に基づいた」というのは私にとってとても意義深い言葉だ。それは、管財人の責任や、クライアントのために行動しているときの弁護士の責任について述べる場合に使う法律用語なのだ。私の父は、やはり弁護士で、そういう責任感と無私の奉仕という倫理的価値観を人生の信条にしており、私も同じ信条を持つよう育てられた。弁護士の職に就くにあたって誓いを立てるとき、私は自分の個人的な利益を度外視し、クライアントのために行動することを約束した。

そのため、独創性は「人間の心」にある真理を伸ばそうとする責任感によって導かれるというポランニーの主張を目にしたとき、独創性について「その自由はそうした完全な奉仕の中にある」と述べることによってポランニーが何を言わんとしたのか、私は心から理解したのだった。

39
第四段階の企業――二つの物語

なぜかはわかりませんが、きっとうまくいくと思いました。
私たちはただ「道をつくり、そこを歩いていったのです」
――ゲーリー・ウィルソン

企業が未熟な段階から第四段階へと変化するのを詳しく述べることは、本書のテーマから逸れている。しかし、源泉《ソース》とつながることによって企業にもたらされる潜在的なパワーや創造性は、ストーリーを読むことで理解できる場合がある。そのため二つの実話を紹介しようと思う。

一つ目の話では、ある人が、九死に一生を得た体験を通して源泉《ソース》とつながる。その結果、個人としての人生にも、世の中における自分の使命にも、自分がリードしている会社にも、重要な結果がもたらされる。二つ目は、本書で少し触れた人物、ゲーリー・ウィルソンについての話だ。一九九九年から二〇〇二年にかけてロサンゼルスのある製油所を共同でリードし、その間にその製油所を、「同盟」の十八の製油所の中で「最下位からトップ」へと引き上げたのだった。

デヴィッド・マーシングのFab II

啓示は、心臓発作のような、個人的に重大な危機が起きたあとにもたらされることがある。詩人ウィリアム・ブレイクの詩を引用して述べるなら、「知覚の扉が清められたなら、物事はありのままに、無限に見える」のだ（『ブレイク詩集』〔平凡社〕参照）。そういう経験は誰もが一度は耳にしたことがあるだろう。ただ、この話は私にとっては特別だ。デヴィッド・マーシングが親友だからである。

インテルの幹部社員だったときに、デヴィッドは心臓発作に襲われ、危うく命を落としかけた。しかし、その経験を機に、自分の能力の原点を追い、やがて明確な目的と目的意識を持つことになる。これは、デヴィッドが多くのワークショップで語ってきた話である。

緊急治療室に運び込まれた私は心肺停止の状態でしたが、幸い、生き返らせてもらうことができました。車輪付き担架に横になっているとき、自分がそこにいる理由をはっきり知りました。生活の仕方が原因で、心臓発作を起こしたのです。インテルの職場環境は昔からストレスに満ちていましたが、どういうわけかそれを自分はものともしないと思っていました。ずっとスポーツをしていましたし、長年休まず勤めました。病気にもなったことがありません。でも目がよく見えていませんでした。私は、自分も手を貸してつくり出している職場環境が、私自身を含め人々にどんな影響をもたらしているか、見えていなかったのです。治療室で横たわっているときに、そうしたことすべてがはっきりわかるようになりました。インテルで出世の階段を上ることが、自分にとって本当はあまり重要ではないことにも気づきました。

それから数カ月にわたって入院している間に、私は悟りました。心からしたいと望むのは、思うより多くの可能性を自分が持っていることに人々が気づく手助けをすることだ、と。ストレスだらけなのを承知で職場に戻りましたが、考え方はまるで変わっていましたし、瞑想的でスピリチュアルな取り組みをはるかに重視するようになりました。私は、人々が自分の本来の可能性を十二分に引き出せる環境をつくりたいと思いました。ストレスにさらされている大企業にありがちな対応から人々を守りたいとも思いました。そうした対応はきわめて不健全であることがあるのです——私が身をもって知ったように。

デヴィッドは仕事に復帰すると以前とは違った方法でさまざまなことをした。その一つは、隔週で行われるスタッフミーティングにおいて、思索的あるいは瞑想的な修行の要素を取り入れたことだった。「はじめは、本気なのかと疑われました。長続きはしないと多くの人に思われました。けれども、やがてわかってもらえました。そういうミーティングをすると、ちょっと立ち止まって、自分たちの置かれている環境や機会をはるかによく認識できるようになるのだ、と」

最終的に、そうした新しいやり方とデヴィッドの新たなものの見方によって、インテルはかつてないほどの成功を収めることができた。デヴィッドは、Ｆａｂ11――インテル最大の半導体製造工場であり、そのたぐいの「製造工場（fab）」としては当時、世界最大でもあった――が建設され「増産」体制にある間、ゼネラルマネジャーを務めた。Ｆａｂ11は、操業開始から記録的なスピードで生産が最大になり、インテルは二十五億ドルの投資を、予想の数年ではなく、わずか五カ月で回収することができた。

❖

数年前、オランダでワークショップをひらいていたときのことだった。参加者の一人の心臓病専門医がまだ原稿の状態の論文を私に手渡した。ヤーンとダンと全く同様に、臨死体験は源泉《ソース》という知性の入り口だと述べている論文だった。「臨死体験（ＮＤＥ）と意識と脳」と題され、書いたのはこの心臓病専門医の同僚で、オランダのアーネムにあるラインスタテ病院で仕事をする著名なオランダ人心臓病専門医のピム・ヴァン・ロメルだった。ヴァン・ロメルは結論として、臨死体験は「劇的な変化を生むものである。それによって、人生観が変わり、洞察力が備わり、死に対する恐怖がなくなる」と述べていた。

彼によれば、「劇的な変化」の源は、ゼロ点場という意識の情報場との相互の結びつきだという。

「この広大な意識は、壊れることがなく、かつ絶えず進化していく情報場――あらゆる知、英知、無条件の愛が存在し、使うことのできる場――がもとになっている。そしてこれらの意識場は時間や空間の概念のない次元、非局所的かつ普遍的につながり合っている次元に保存されている。これは、高次の意識、神性の意識、あるいは宇宙の意識と呼んでもいい」

デヴィッドは、大学時代に武道とレスリングに親しんでいた。そして両方を追求する中で、高度な技術を身につけることができた。心臓発作で命を落としかけたのちには、瞑想や祈りや気功といった個人的な鍛錬を毎日行うようになった。ニューメキシコ州サンタフェにある家の裏庭には瞑想のための部屋を設けた。人として成長したり道徳的感性や直観的な認識を磨いたりするために道教の師とたびたび修行もした。個人として成長するためのそうした総合的な取り組みは、「自分に正直になって、純粋な意思を持ち続ける」力を高めるためのものだった。「より深くさまざまな方法で知る」力を伸ばすためのものでもあった。「……インテルの驚くほど分析的な文化に必要だと思われる直観的な鍛錬法を、統合して一つにまとめたいと思いました。そうした伝統的な鍛錬法では、正確に〈わかる〉ようになるには一万回行う必要があることが示唆されています。そのレベルになれば、習得したことになり、考えなくても自然にその鍛錬を行えるようになります」

Fab11での操業開始に際してゼネラルマネジャーの職を引き受けたとき、デヴィッドは自分に誓った。「あらゆるレベルで、つまり、昔からある仕事上の数値目標だけでなく、人間関係においても、各自がワークライフバランスを実現するという意味においても、飛躍的な成果を上げられる環境をつくろう」と。Ｆａｂ11は半導体製造工場として世界最大になった。「クリーンルーム」の広さは十八平方キロメートルを誇り、一分間に三度か四度、すべての空気がその部屋から排出される。あらゆる支援と建造物を得て、ピーク時には四〇〇〇人が二十二億ドルの設備投資にかかわった。これは、三年目までに一時間あたり一七〇万ドルと予想される収入を工場として生み出す必要があるということだった。

「いろいろと問題があって」とデヴィッドは言った。「自由裁量権を維持することはいつも大変です。本社の人たちは私たちが決定しようとすることにあれこれ口を挟んでくるんです。わが社には結果優先、テクノロジー主義で、独断的な、リスク志向の文化がありました。分析的で合理的な考え方と意思決定を重視する姿勢がとても強いのです」。デヴィッドは、新たな職においては「話し合いによる自由」を得て活動してよい、ということで上司と合意した。失敗することがデヴィッドは怖くなくなっていた。「うまくできなければ、司書にでも森林警備隊員にでもなればいいと思っていましたから」

インテルでよしとされていたやり方とは異なり、デヴィッドは建設が始まるより前にＦａｂ11の人々のレベルを半年かけて向上させた。そのトレーニングは次のようなものだった。

- ＭＩＴ組織学習センターのコア・コースと、五つの学習分野における発展的トレーニング。
- デヴィッド・ボームの研究に基づく、ダイアローグの練習。
- じっくり聞く。バランスのとれた主張をする。質問する。これらの力を養う取り組み。

●人々が自分の学習スタイルを他のチームメンバーと調和させられるようにすることを目的とした、人間工学的トレーニング。
●ストレスを管理し、直観力を養うための、瞑想をはじめとする観想的な修練。

とくに重点が置かれたのは、とかく分析に頼ろうとする姿勢を改めてもらうことだった。「スタッフミーティングでは、人々が本来持っている力や本当の性質を使えるようになるのを後押しするために、黙想を取り入れた鍛錬法を使いました。心から話をし、感覚的な視点に立って現場を見てもらえるように工夫したのです。目的は、脳のいつもと違う部分を使ってもらうことでした。私たちは、脳波をゆっくりにすると斬新な解決策を思いつく意識が育つのだと、プラスの効果を話しました」

こうしたトレーニングの成果が現れた一例が、機械の一つを「アニー」と名付けた、ＩＣチップの生産ラインの責任者だった。ある日のこと、この責任者はアニーの「調子がよくない」ことに気がついた。詳しく調べたのちに、製造された半導体ウェハが仕様に合っていないことがわかった。責任者が直観を働かせ、サポートチームが素早く対応したおかげで、数千万ドル相当の製品が守られた。直観と、別な方法で知ることを信頼できるようになると、集合知が育つのである。

「最終的に、私たちはＦａｂ11が増産体制にある間にインテルのあらゆる記録を塗り替え、きわめて挑戦的な予想より九～十二ヵ月早く本格稼働を始めました。これによって、会社は二十五億ドル以上を節約できました。また言うまでもありませんが、新しいチップによって得られる利益を予定よりはるかに早く手に入れることにもなりました。あれは私にとって、調和を知る本当に貴重な経験でした。個人としての学びの旅と、個人としての大いなる飛躍が調和したんです。個人的な鍛錬をすることによって私は絶えず導かれるようになりましたが、それがあればこそ、文化的変化を起こして、あれほどの結果を残すことができたのです」

ゲーリー・ウィルソンとロサンゼルスの製油所

ゲーリー・ウィルソンはロサンゼルス・リファイナリー・コーポレーション（LARC）――「同盟」の十八の製油所の一つであり、世界最大の下流事業（精製・流通・販売）の一つでもある――の所長代理だった。ゲーリーとLARCのゼネラルマネジャーのジム・ニコラスがそれぞれその地位に任命されたのは、一九九八年はじめに「同盟」ができてまもなくのことだった。私はジムのことはずいぶん前から知っていた。シェル石油の変革を進めているときにカズとともに仕事をしたためである。シェルの変革は、一九九〇年代前半に始まり、カズとピーターと私とで書いた一九九八年の「場の論文」のテーマだった。ゲーリーはほぼずっとテキサコに勤めていて、リーダーシップの才があったために出世の階段を駆け上った。のちには、第三段階のリーダーシップ力を身につけていた。

ジムとゲーリーは従業員およそ五〇〇人の製油所を引き継いだが、この製油所は、信頼性の高いソロモンサーベイにおいて、稼働している製油所の中で下位二十五パーセントに入ると評価されていた。二人は、ゲーリーを責任者として、システム全体を変えるプロセスを始めよう、と誓い合った。

一九九八年六月に、ゲーリーは一回目の「LARC事業変革イニシアチブ」をひらいた。この第一歩を踏み出すもとになったのは、ゲーリーの第三段階のサーバントリーダーシップ力と、彼曰く「ひそかに確信しているもの」だった。「職場環境全体が互いに信頼し合うものになったら実現するにちがいないものです。人々がまだ使われていない能力を持っていることを、私はよく知っていました」

数カ月後、ゲーリーはイノベーション・ラボのデザインチーム（「同盟」の主立った事業部門のマネジャーから成る）に加わってほしいと依頼された。のちには、イノベーション・ラボそのもの（進化したUプロセスを使って私がリードした）に参加するおよそ二十人のうちの一人に選ばれた。公表されたラボの目的はラボチームみずからによって書かれ、次のものが含まれていた。

● 「同盟」のリーダーであるわれわれが、下流事業の改革を促進し、事業や利益を拡大する場をつくる。
● 実践の場や手段やコーチングを生み出して、個人および集団の能力とエネルギーと勇気をまとめ上げる。
● 出現する未来とビジネスチャンスを感じる力を育てる。

●「同盟」内の全従業員の潜在的な創造力を一〇〇パーセント呼び起こし、引き出せるようになる。

私はおよそ一年の間、ゲーリー・ウィルソンと個人的に仕事をした。第四段階のリーダーへと成長・進化する人が持つ特別な性質をゲーリーが備えていることは、最初からはっきりしていた。謙虚さと自信の両方が、彼にはあった。そしてその究極の関心事は、組織の人たちがいっそう健康で聡明になって自主性を持てるよう、彼らに奉仕し、成長させることだった。ゲーリーは何でも受け入れる人だった。好奇心と知識欲にあふれる人でもあった。凝り固まった信念体系を疑問に思うところにまで進歩していた。私と仕事を始めるころにはすでに、企業をリードし経営する従来の方法に疑問を投げかけるようになっていた。

私は、初めてボーム博士に出会ってから二十年の間に学んだことすべてを、ゲーリーに伝えた。その過程で、「同盟」のリサーチプロジェクトを進める間に生まれたすべての資料も渡した。今では『赤い本』の「同盟」の最後に参考文献として載っている、読むべき本のリストもあった。そうした読むべきものには、ブライアン・アーサーやデヴィッド・ボームや、ハートマス、ラリー・ドッシー、ジョン・カバットジン、野中郁次郎が書いた本や論文も含まれていた。ゲーリーはまた、『シンクロニシティ』と「場の論文」、それにブライアン・アーサーやエレノア・ロッシュへのインタビューの要約も読むことになった。さらには、イノベーション・ラボのワイルダーネス・レトリートでは、ブライアン・アーサーやスタンフォードのマイケル・レイ教授――ビジネスにおける創造性の分野で知られる指導者であり、「四つの原理」に含めることの本質を二十年にわたって教えた——とサンタフェで長い時間をともに過ごした。

ラボのプロセスを終える頃には、ゲーリーの世界観は成熟したものになり、持って生まれた価値観や性格によって、心から信じるものを是とする勇気が強まっていた。ラボの期間中には、彼は第四段階のリーダーシップを実践することについて理解を深め、それを活かすようになった。ラボが終わる頃には、「LARC事業変革イニシアチブ」に全精力を注ぎ込み始めた。

ゲーリーはまず、システム——社員と外部の建設請負業者、合わせて八〇〇人ほど——の縮図を表す六十人を選んだ。そして製油所の過去五年間のとてつもなくひどい業績を示すグラフを見せた。次に、これからの五年を表す、白紙のグラフを見せた。そしてこう言った。「何ができるか、一緒に考えよう。業界一位の業績を上げるという目標を掲げ、それを達成することは、必ずできる。ともに前進する道をつくり出そう。必要なことを、自由にどんどんやってくれ」

部屋にエネルギーが満ちるのがはっきりわかりました、とゲーリーは言った。一人の人間が大きな集団にもたらす場の効果に、彼は気づいていた。一回目のミーティングの最後に、ゲーリーは尋ねた。「この可能性を積極的に実現させようという人は？　われこそは、と思う人はいないか？」　九十五パーセントを超える人が手を挙げた。このようにして変革は始まったのだった。

最初の一年の間に、中心となるチェンジチームは六十人から倍に増えた。変革の核心は、システムの中の一人ひとりに自由を与えることにあった。自分の才能とエネルギーを思う存分仕事に注いでもらうことに、そして、自分の仕事とシステム全体の仕事の両方に対してそれが自分のものであるという感覚と責任感をしっかり持って行動してもらうことにあった。ゲーリー曰く、そうしたアプローチによって、熱意と満足感と尽くす気持ちが生まれ、しかも自然に強くなりながらどんどん広がっていくのだという。人々は、端《はた》で見ているだけの人から責務を果たす人へと変わった。ゲーリーはこう言った。責務を果たすというのは、人々が全体とその中での自分の役割を理解している状態、すなわち自分の役目に対する責任と全体に対する責任を引き受けている状態だ、と。

古いシステムでは、人々は融通の利かない指示に従い、一人ひとりが個別に機能的役割を果たすことを求められた。作業プロセスのあらゆる段階が、マニュアルによって定義されてもいた。何か不具合があれば、この答えが返ってくる。「マニュアルにあるプロセスにきちんと従いました」。これによって、あらゆる責任を免れたのだ。ゲーリーは専門技術職の人々に言った。そういう仕事は息が詰まるようだし、退屈で面白くない、と。製油所に失望や皮肉をもたらしているものこそが、過去十年にわたって最低の業績を生んできたのである。極度のストレスと不安がシステムに蔓延しています、とゲーリーは私に言った。それは「とりあえず仕事をしている」にすぎない状態だった。

新たなシステムでは、人々が従わなければならないのは、経営陣によって示された「ビッグ・ルール」と呼ばれるものだけだった。ゲーリーと幹部チームは、責務として指針とサポートを提供し、その後は進捗状況を観察した。そして、システムの全員が、自分たちは尊敬されている、自分が思いついたアイデアは重要である、と感じていることを確認した。仕事はわくわくする、活気に満ちた、以前より楽にできるものにさえなった。一人ひとりが、仕事を自分のものであると思うようにもなった――「私はこの仕事を受け持っていて、責任があり、その遂行に誇りを持っている」と。

この製油所のポンプを例にとってみよう。ポンプは製油所の順調で安定した作業にとってきわめて重要であり、中にはとても大きなポンプもある。変革のプロセスにおいて、このポンプの責任者たちは、前述したデヴィッド・マーシングの生産ライン責任者が「アニー」に対してしたのとおよそ同じ方法で、仕事と密接に結びつくようになった。何か不具合が生じたとき、ポンプの責任者は事態が深刻になるより前にそれと「気づいた」。そしてポンプはそれまでとは違う方法で修理や手入れがなされた。ポンプに関する仕事は自分のものであるという意識の高まりを示すものとして、「自分たちの」ポンプに好きな色を塗る人が出てきた。製油所の一般公開日に家族がやってくると、「自分たちの」ポンプを誇らしげに指差すようにもなった。

そのようにして、変化は製油所中に広がっていった。ゲーリーはこう言った。彼と幹部チームは、システムのメンバー一人ひとりがどんな考えを生み出し、どんな考えを仕事に対して持つか、その質次第で業績は変わる、という法則を受け入れたのだ、と。輝かしい業績を生むこのレベルの高い考え方を可能にするのは、仕事の根源的な目的に焦点を当てて、考え、行動することである。そのことにゲーリーは気づいたのだった。

そうした高いレベルの考え方をしていることが、ゲーリーのアプローチの基本的特徴の一つだった。もう一つの特徴は、ブライアン・アーサーとラボの経験全体から学んだ「より深い知の場所」を信じることに関連していた。ゲーリーは言った。重要な判断を下さなければならない場合、分析に左右されることなく、Uプロセスに従いました。するとやがて「これだ！ と体で感じたんです」

結果はさまざまな数字によって示されている。この製油所は「同盟」システムの十八の製油所の中で「最下位からトップ」になった。従業員の変化（市場の変動ではなく）がもたらした直接的な結果としては、収益が年五八〇〇万ドルに改善した。長年損失を出し続けたが、今や収益が上がり、あらゆる面――信頼性、安全性、経費――において秀でるようになった。予定外の稼働停止時間は、十八の製油所の中で最低になった。

数年前、私はゲーリーに、その経験の全体を振り返ってみてほしいと頼んだ。彼が語った内容を、次に紹介しよう。

今、振り返ると、あんなとんでもない考えはどこから浮かんだのだろうと思います。経営の本を一冊だけ読んでそこから得たわけでも、昔勤めていた会社の作業プロセスから得たわけでもありませんでした。すべては、自分は五〇〇人の社員とその家族を、勝者に対する敗者のような気持ちから解放し、人生を楽しめるようにし、将来に対して安心感を持てるようにするためにこの製油所の責任者に任命されたのだという目的意識としっかり結びついていました。

組織を機能させるいちばんいい方法が、すぐさま結論に飛びつくのではなく、今起きていることを吸収し、気を配るという考えであることは間違いないと思います。何もせず、考えに浮かんでこさせるんです。これだ！　と思ったら、行動に移します。この二年間、私たちが判断を誤ったことはありません。それどころか楽々と決めることができました。これだ！と思ったことはいつも正しいものでした。Uプロセスさまさまですよ！

代償は、結果に比べれば微々たるものでした。私にとって、ラボで学んだことで抜群によかったのは、ワイルダーネス・レトリートです。あれは最高の経験でした。深く考えることができたからです。否応なしに、日常を離れ、自分自身に対する新たな考え方にどっぷり浸ることになります。私は、なぜその仕事にかかわることになったのか、たしかな目的意識を持てるようになりました。製油所には五〇〇人の従業員とほかに別に三〇〇人の建設請負業者がいて、どの人の生活も製油所が成功するかどうかにかかっていました。私は、彼らが職の安定や自信や誇りや達成感を日々感じられるようになる手助けをするためにそこにいたのです。

それからちょっと言葉を切り、『シンクロニシティ』の一節を引用して話を締めくくった。

「なぜかはわかりませんが、きっとうまくいくと思いました。私たちはただ『道をつくり、そこを歩いていったのです』」

私としては、それで十分だった。まさにそういうものなのである。

40

第四段階の組織の出現

第四段階の組織は、人類が生み出した組織の中で最も適応力を持っている可能性がある。

出現する未来を感じて実現する力を育てると、新たな形の知識創造がもたらされる。しかし、本書にある原理や実践法を確実に使えるようになるのは、とりわけ大規模な組織や機関においては、すんなりできることではないだろう。実際、今までに実行できたのは、ほんの一握りの模範的な組織だけだ。もしほかにも取り組み始める組織がわずかでも出てきたら、私たちは画期的な変革をかろうじて始めることができる。人間の意思は非局所的に影響をもたらすため、高い意識を持つ人々は、たとえ少数であっても、社会のほかの人々にとてつもなくポジティブな影響を与えることができるのだ。

第四段階の組織へと進化することは、他の組織が従うべき生きた手本になることだ。また、その段階に達した組織は、加速するビジネス環境の変化に対し、素早く効果的に対応する力を持っている。

第四段階の組織は、人類が生み出した組織の中で最も適応力を持っている可能性がある。そういう組織が、数は少なくとも世界中に生まれたら、はるかに大きな影響がもたらされるようになるだろう。グローバル組織のリーダーは、真に地球規模で活躍する市民だ。その事業は国境を越えているため、彼らの下す決定は経済だけでなく社会にも、つまり、ビジネス上の直接的な問題だけでなく、世界的な貧困や環境や安全の問題にも影響を及ぼす。そして、勢いのあるこうした第四段階の経営者やその組織は、一つの経済ネットワークを――この世界を運命共同体にしようという運営方針を持つネットワークを生み出していく。

第四段階の組織が増え始めているのに加え、もう一つ見られるようになっている現象がある。市民グループや社会的起業家や独立セクターの組織（非政府組織）も進歩を始めているのである。それぞれ活動内容は違うけれども、いずれもほかの方法では説明できない意見を表すという共通の動機によってつながっている。こうした社会の要素は、適切に発展すれば、第四段階のグローバルな市民社会へと向かう流れを一つにまとめて、すでに第四段階に達している商業機関の取り組みを補完するだろう。

エピローグ

究極の実在についての考えはどれも、
たとえ真実であったとしても、制約されてしまう。

本書の冒頭で、ウェーコが竜巻に襲われたときの私の内なる経験について詳しく述べた。あのとき私は初めて源泉《ソース》と結びついた――たとえ、まだ何の知識もなく、どういうことが起きているのかも源泉《ソース》が何なのかもまるでわかっていなかったとしても。捜索救助にまつわるあの活動は、何ら意識的な考えのないまま行動するもの、難しいなどと思うことなくきわめて困難な課題に取り組むとものだった。すなわち、これまで何度となく耳にしてきた「より深い知の場所」から行動すること、まさにそれだったのである。

しかしながら、そもそも私を寮の部屋から出るよう導いたものは何だったのだろう。これといった考えもなく、私はウィンドブレーカーを着て思い切って外に出た。よく考慮した上での行動ではなかった。気がつくと、目抜き通りのほうへ向かっていた――電気の流れている電線がだらりと垂れ下がっている中を歩く危険も顧みず。街には誰もいなかった。けれども、立ち止まるという考えが浮かぶことはなかった。

同様に、シェル研修センターの大ホールでは、テキサコの最高執行責任者の挨拶を耳にしたまさにその瞬間に、私のエネルギーが完全に変わった。まるで心の可変抵抗器が最大値まで上がったかのようだった。自分に利益があるかどうかなどはみじんも考えず、ただ恐れを知らぬ気持ちと、圧倒的な解放感を覚えていた。理由はよくわからなかったが、すべての発端となるものを追いかけること以外、私にとって重要なものは何もなかった。

同じことはボストンのオフィスで、部屋を出ようとして『ファスト・カンパニー』を手に取ったときにも起きた。夜の十時半で、私はくたくたに疲れていた。十四時間仕事をし、眠りにつくべく家へ帰ろうとしているところだった。半ばドアから外に出かけているときに、いったい何が私にその雑誌を手に取らせたのか？　なぜ私はブライアン・アーサーのインタビュー記事が載っているまさにそのページをひらいたのか？

私は折にふれて、そうした出来事や、ブライアンと何が何でも話さなければと思ったことについて考えてきた。もし、これといった意識的な考えを持たず行動したそれらの瞬間がなければ、私たちがブライアンに会うことも、インタビューをすることも、駐車場でオットーが初めて「U」の周囲にブライアンの三つの要素を書くという瞬間を経験することも、決してなかっただろう。その後、バハへ来るようにというブライアンにしては珍しい「指示」が私に対してあり、私は予定がぎっしり詰まっていたにもかかわらず行きますと返事をした。もし、この一連の出来事がなかったら、私がクジラに出会うことも、グローバル・リーダーシップ・イニシアチブが生まれることも、実証プロジェクトが行われて数千人の人生にポジティブな影響をもたらすことも、決してなかっただろう。

『シンクロニシティ』を書いたとき、まだわずかな知識しか得ていなかったとしても、私は次々ひらいていく秩序と調和して行動する方法を学びつつあった。そして「内蔵秩序」――デヴィッド・ボームから学んだ言葉だ――と当時は呼んでいたものをもとに行動していた。アイデンティティに対する私の意識はすでに変化していて、私は自分を次々ひらいていく豊かな秩序の一部として見るようになっていた。私は私のするべきことをしさえすればいいのだった。そのするべきことを私は究極の関心事として扱い、「戦士が休息する」ように神経を研ぎすませて、機会――「一立方センチメートルの好機《チャンス》」――を期待しながらただ待った。機会が現れると、事前に意識して考えることなくただちに行動することを求められた。

そうした状態で行動することを本当に理解できたのは、ずっとあとになってからのことだった。ただ、適切な時と場所で、ちょっとした、しかし的を射た行動を重ねることが、とてつもなく大きな結果をもたらすことを目の当たりにした。タイミングはきわめて重要だった。そして、その瞬間がほんのかすかな合図をしてやってくると、あらゆる行動と結果が生み出されたのだった。

このような効果的な行動によって具象化されているのは豊かな秩序の原理であり、この秩序は私たちが人生においてしっかり流れに乗って行動できるようになるにつれ目に見えてますます豊かになる。さらに言えば、これは私たちの誰もが手にできる能力である。フランシスコ・ヴァレラが私に話したように、この力は自然の秩序の一部だ。それは人類が持つ宝の中で最も素晴らしいものなのである。

❖

バハでの二度目の「聖なる旅」の終わりに、その前の週をソロ・キャンプをして過ごした全員がパラパの下に集まり、ジョン・ミルトンが源泉《ソース》について話すのを聞いた。ジョンは、チベット仏教徒や道教の師との数十年にわたる修行のことを語った。また、自分は源泉《ソース》を「大いなる神秘」と呼んでいるとも述べた。その後ちょっと間ができたときに、私は尋ねた。「ジョン、神と源泉《ソース》はどう違うのでしょうか」

ジョンはほんの一瞬考えた。それから、ごく淡い笑みを浮かべて答えた。「ジョセフ、その二つの違いは紙一重です。もっと先になったら話しましょう」

一年半後、私はジョンに電話をして言った。

「ジョン、もうすぐ源泉《ソース》について原稿を書き終えます。紙一重の違いについて、今こそ話してください！」

そうして私たちは電話で話をすることになり、源泉《ソース》についてジョンがすでに教えてくれていたあらゆることについて考察を深め、素晴らしい三時間を過ごした。私は、どれほど難しくても、その問いに答えてみようと心に決めていた。

まず、ジョンはずっと前に教えてくれたことを繰り返した。「これは根本的真理です。この世にあるすべてのものは互いにつながり合っていて、途切れることなく変化し、原初から存在する源泉《ソース》から絶えず生まれ、そこへ戻っていきます」。さらにこうも言った。「源泉《ソース》は根本的な実在であり、そこからあなた自身を含めたあらゆるものが現れると理解されています。原初から存在し、形を持ちませんが、あらゆるものを生み出し、保持していて、ばらばらになっているあらゆるものにとって究極の貯蔵所になっています。こういう状態をうまく表す言葉がないので、私はよく〈大いなる謎〉と呼んで、その状態を指し示しています」

話を聞くうちに、源泉《ソース》についてのジョンの定義はボームやヤーン、ダン、それにパーリで出会った科学者たちから教わったものと一致していることに気がついた（電話を切ってから、源泉《ソース》に対するデヴィッド・ピートの記述を読み返してみたところ、ジョンの言葉はデヴィッドが言ったこととも重なっているように思われた）。ジョンは、ロバート・ヤーンやデヴィッド・ボームが話していたことをあらためて確認した。「源泉《ソース》とつながるとき、私たちは双方向のダイアローグによってつながります。それは源泉《ソース》とともに行う行為です。ある形がひらいていく過程に参加するのです」

ジョンは、誰もが源泉《ソース》につながっていると言った。源泉《ソース》につながる力は「永遠の真理」なのだ。宗教や特定の信念体系には、この領域につながることを容認しているものはない。ジョンはこう言った。

「古代のスピリチュアルな教えとは無関係に、個人あるいは集団として源泉《ソース》につながる現象を理解する方法があります。それは科学を通して行う方法です——ジョセフ、あなたもそうだったように。人生には源泉《ソース》が活発に働くときがあります。その流れに乗ることは可能ですが、それは、流れに乗るにふさわしくあるために、するべきことを積極的にしている場合です。次々ひらいていくこの過程には、誰でも加わることができます——するべきことを積極的に行って、植えつけられているフィルターやバリアを取り払うならば。それはすべての人に可能なことなのです」

会話が終わりに近づいてきたとき、私は神と源泉《ソース》が全く同じものなのかどうか、もう一度尋ねた。ジョンの答えは、私にとって驚くべきものだった。

ジョンの意見によれば、源泉《ソース》はきわめて根源的なので、神は源泉《ソース》から生じると言っても間違いではないという。彼はこう言った。「源泉《ソース》は神より前に存在しました。神も仏陀もクリシュナも……すべて源泉《ソース》から現れたのです」

私はジョンの言葉をなんとかして理解しようとした。ふと、ヴェーダーンタ哲学の先生が、ウパニシャッドの一つを扱っているときに、神について説明を求めた生徒に対して言った答えが思い浮かんだ。先生はこう答えたのだ。神について言えるのは「Neti, Neti」——あれでもないし、これでもない——だけだ、と。

「神」は、いわば擬人化するために、全能の創造者に対して私たちが与える名前である。話をする相手という感覚を持てなければ、個人として祈ることも源泉《ソース》とつながることも難しいのだ。この究極の実在は、私たちの想像の及ぶ範囲を超えている。したがって、「神」についての概念をもはるかに超えているため、私たちは謙虚にもこのことを認めざるを得ない——脳が伝統的なユダヤ教とキリスト教に共通する神について考えるたび、たとえば「クリシュナ」などというわけではないけれども、必然的に源泉《ソース》を限定することになる、と。そしてそのクリシュナも、「神」

のように、潜在的に、そして信者にとっては影響力を持って、そこに存在する。あらゆるものが源泉《ソース》という無限の可能性から生じるからである。このように、神についてのユダヤ教とキリスト教の考えを含め、あらゆるスピリチュアルな伝統が源泉《ソース》から生じている。ヒンドゥー教もキリスト教も、道教、仏教、ユダヤ教、イスラム教、土着の伝統も、である。宗教は、真理や神についての、私たちの制限された人間的・文化的概念を通して、ふたたび源泉《ソース》へとつながる方法なのである。

文化団体は、どうしても「神」という言葉を使うことになるが、これに対し、神学者の中にはパウル・ティリッヒ［二十世紀を代表するドイツの神学者］のより抽象的な「存在の根底」という言葉のほうを好む人もいる。たしかに「存在の根底」は「源泉《ソース》」にとてもよく似た感じがする。そのため、「存在の根底」が神という概念であるなら、源泉《ソース》と神は同じものに対する二つの表現なのかもしれない、あるいはジョンが言ったように二つの違いは「紙一重」なのかもしれない、とは思う。しかしそれでも、究極の実在についての考えはどれも、たとえ真実であったとしても、制約されてしまう。その経験は言葉で表現できるものではない。老子が言ったように、「言葉で言い表せる道は不変の道ではない」のだ。

このジョンとのダイアローグについて書くべきかどうか、最初は迷っていた。ジョンの考えはもっともだし、私が長い年月をかけて学んできたことと一致しているようでもあったが、きわめて根本的なので、書いたものかどうか確信が持てなかったのだ。しかし、本書で紹介した根本的かつ科学的な考えをすべて思い返してみて、このスピリチュアルな考えについても本書に記し、読者がそれぞれの結論にたどり着く余地を残すことにした。

われわれは輪になって跳ねまわり、あれこれ推測する、

しかし秘密はすべてを知って、真ん中に座っている。

監訳者解説

神戸大学大学院経営学研究科長　金井壽宏

異色のリーダーシップ論

ジョセフ・ジャウォースキーの第一作『シンクロニシティ』も不思議な作品だと思ったが、この第二作『源泉』も滅多に出会わないような作品だ。

本書の原題は、*Source: The Inner Path of Knowledge Creation* で、副題をそのまま訳せば「知識創造の内なる道」である。自伝的色彩がいっそう濃厚な前著の原題は、*Synchronicity: The Inner Path of Leadership* であり、これも副題を訳すと、「リーダーシップの内なる道」となる。「内なる道」という言葉からもうかがえるように、二作とも深い内省的洞察に満ちた著作であり、本書は前著の続編という位置づけである。著者ジャウォースキーは本書で、前著で示したリーダーシップ論を継承しつつ、それを知識創造や、ビジョンを実現するための思考と行動の本質をめぐる議論に発展させている。そのため邦訳では副題を「知を創造するリーダーシップ」とした。

私は、経験にもとづく実感として、本書に書かれていることをすべて理解しているとは、とても断言できない。監訳者のくせに、とお叱りを受けそうだが、いろいろと深く考えさせられる書籍というものは、書かれていることすべてがまるごとわかったとは容易に言えないものである。ドストエフスキーの作品を読んでその言いたいことがすべてわかったとは言えないように、深みと学際性のある書籍には、文学ではなくても、そういうところがある。

本書は創作ではない。異色のリーダーシップ論の開拓者であり実践家でもあるジョセフ・ジャウォースキーが生きてきた世界について、彼自身がどう考えるか、どう理解しようとしているかを語った知的冒険であり、それも行動に結びつく実践的知的冒険の記録である。この旅を歩むことによって、ジャウォースキーは変わり、周りの人たちも変わり、そして不思議な出会いから、とてつもない「つながり」のパワーが発揮されていく。

一連の記述の根底には、前作『シンクロニシティ』でも姿を見せていた、量子力学を含むニューサイエンス、とりわけデヴィッド・ボームの影響が顕著である。したがって本書は、通常読者がイメージされるようなリーダーシップの本ではない。ジャウォースキーが前作以降、どのようにして今の境地に辿り着いたかの「ストーリーテリング」である。彼の身に起こったことについての彼なりの意味づけの物語、それも大勢とのつながりによって実現したことを、その人たちを訪ねながら意味づけるという、複雑で奥の深い物語である。

こんな人に読んでほしい

本書は通常のリーダーシップ論を超えた異色の著作であり、難解な内容ではあるが、多くの人にとって示唆に富んでいる。私としては次のような方々に特にお勧めしたい。

- 通常のリーダーシップ論ではいまひとつ飽き足りない、もっと深みのある話を読みたいと感じている人。
- リーダーには、何かその人自身を引っ張る大きなもの、崇高なものが必要だと考えている人。
- 何かを深く願っているときに生じた思わぬ出会いに、意味を見出す人。
- 出会いを紡ぐことがリーダーシップにかかわっていると感じる人。
- 組織開発やファシリテーションなどに携わる上で思想的基盤が必要だと感じている人。
- 国際紛争や食糧問題など世界の未解決の大きな問題に取り組んでいる人、また取り組みたいと思っている人。
- ジャウォースキーの前著『シンクロニシティ』を読んだ人。

以下、監訳者自身の専門であるリーダーシップの観点から、本書の特徴を述べてみたい。

実践家によるリーダーシップ論

リーダーシップの書籍は、作品数も多いし、また著者のタイプ、書かれ方のスタイルも含めて、いろんな種類の作品がある。アカデミックな研究だけでも、バーナード・バス（元々はラルフ・ストッグディル）のリーダーシップ論のハンドブック（*The Bass Handbook of Leadership*）を見ると、その厚さ、そこで取り上げられている研究の多さにびっくりする。そして、リーダーシップは、最も多く研究され、最もわかっていることの少ない分野だと、いつも言われてきた。

リーダーシップは本質的に実践的なテーマであるため、この分野の議論は研究者の独断場ではない。GEの元CEOジャック・ウェルチ、ヤマト運輸の小倉昌男さんなど、あげればきりがないほど多くの実践家が自分の経験に基づくリーダーシップ論を語っている。一方で、ハーバード大学のジョン・コッターのような研究者や、マッキンゼー・アンド・カンパニーやボストンコンサルティンググループのコンサルタントによる研究もあるし、多様な経済団体や研究教育機関が出している報告書もある。しかし、学者の理論も、コンサルタントの処方箋も、問題を指摘するのはうまい経済団体も、リーダーシップの実践という面では、心許ないところがある。

リーダーシップについて読者が自分なりの考えを持つ上では、アカデミックな理論以上に、すぐれた経営者による実践的持論のほうが参考になるということが多々あるだろう。もちろん、リーダーシップの実践家は、経営者だけではない。一口に実践家といっても、オーケストラの指揮者やコンサートマスター、野球やラグビーなどの監督やコーチ、映画の監督や助監督、アーティストや建築家など、どの分野にもリーダーにあたる人がいる。だから私自身は、資生堂名誉会長の福原義春さんや、小松製作所会長の坂根正弘さんなどの名経営者たちの「一皮むけた経験」をインタビューするだけでなく、たとえば指揮者の佐渡裕さんや元ラグビー日本代表監督の平尾誠二さん、建築家の安藤忠雄さんなどの経験についてもインタビューをして研究してきた。

リーダーシップの研究教育機関の中では、私はリーダーシップの育成に関する実践的な研究とプログラム開発でも名高いCCL（センター・フォー・クリエイティブ・リーダーシップ）に注目している。このCCLにかかわっている学者、たとえばモーガン・マッコールは近年、リーダーシップの理論そのものを扱うよりも、どのような経験がリーダーシップを身につけるのに効果的かということに焦点を変更した。そこから、普通の人がどのような経験（「旅」と読み替えてもらってもいい）をすればリーダーへと脱皮していくのかを探る、経験の研究が生まれた。

こうした研究の流れの中で、リーダーとして成功する人物の、生まれつきの資質でもなく、単なる行動スタイルでもなく、その行動や発想を支える思想や基盤にも目が向けられるようになってきた。本書はそういう流れに位置づけられるであろうし、ジャウォースキーが賞賛するロバート・グリーンリーフのサーバント・リーダーシップ論はそのような流れの源流のひとつであると言えるだろう。

リーダーシップを育むようなキャリア上の経験――私がしばしば「一皮むける経験」と呼んできたもの――も、注目されるようになった。CCLの研究者たちは「経験」に注目したが、彼らはそれと併せて「薫陶」、つまり将来リーダーになる人がどのようなリーダーに鍛えられたか、お手本となる人物からどんな指導を受けたか、その人物とどんな関係性を持ってきたか、といったことにも目を向けてきた。研究によれば、リーダーシップを身につけるうえで有益だった出来事（イベント）のうち、大半の七割は経験である。残りのうち二割が薫陶、一割が研修や読書等という比率になっている。この七十%、二十%、十%という比率はCCLからスピンアウトしたロミンガー社が公表しており、しばしば引用される有名な数字だ。

わが国では圧倒的に「経験」の重要性が指摘されてきた。だが、体系的に調査がなされれば、薫陶や関係性の比率がもっと高くなるのではないかと私は推察している。米国でも、経験によって鍛えられたと語る実践家に「その経験をだれの下で、だれとともにしましたかと詳しく問えば、やはり薫陶の比率がもっと高まるのではないかと考えている（つまるところインタビューのプロトコル〔どういう順序でどういう質問をするか〕次第で数字は左右される）。

そして本書の著者ジャウォースキーにとって、さまざまな人との出会いと関係性が、そのリーダーシップと密接にかかわっていることは言うまでもない。

リーダーシップの旅と出会い

ジャウォースキーの作品が二冊とも、われわれに示してくれるのは、彼がリーダーシップの旅においてくぐり抜けてきた、小説よりも奇なりと思えるような経験である。

弁護士から突然、リーダーシップの育成をライフワークにしようと思った異色の著述家ジャウォースキーのストーリーに耳を傾けると、経験もさることながら、彼がALF（アメリカン・リーダーシップ・フォーラム）を創設することができたのは、出会い、つまり関係性によってであることがよくわかる。前著『シンクロニシティ』でも本書でも、心の奥底から強く求めているものがあれば、いろんな偶然が味方をしてくれて、しかるべき時にしかるべき力やリソースを持った人と出会うようになっている、ということが示唆される。それを前作ではユングの概念にならって「シンクロニシティ（共時性）」と呼んだが、今回の作品では、シンクロニシティを生み出すもの、出会うべき人が出会うようにアレンジしてくれる、現象の奥底にある「源泉（ソース）」というものを探究しているのである。

いろんな人との出会いと旅が、ジャウォースキーの生き方を彩る。物理学者のデヴィッド・ボームとのロンドンでの出会いや、パーリの集いに参加した科学者や友人たちと一気につながる経験など、ジャウォースキーの旅は印象深いエピソードで満ちている。出会いのたびに、シンクロニシティがある。同じ時に同じ場所にいることで出会いが生じる、その大元にある「源泉」とは何か。ジャウォースキーの旅の軌跡からは、単に「経験」という以上に、人々との出会いと関係性、CCLの枠組みでいえば「薫陶（関係性、人とのつながりという意味でコミューナルなもの）」がより大事だという、著者自身の解釈が浮かび上がる。それがこの新作でいっそう前面に出された点ではないだろうか。

何を成し遂げたか（What）だけでなく、それをだれとともに（With whom）、表現を変えれば、だれの薫陶を受けながら成し遂げたのか。このように問いを広げると、CCLの枠組みにも（本書のような神秘的な概念や考え方を持ち出さずとも）関係性を重視する視点は含まれている。しかし、ジャウォースキーの旅においては、たとえばALFの創設など、「何を」という問いやそれをめぐる行動と、それを実現するために「だれと」つながっていくか、さらにいえば、だれかとつながることによって、いったい何が見えてくるか、何が出現してくるかという物語が、ほぼ同じ重みをもって語られるのである。

また、リーダーシップにかかわる関係性と言うと、われわれはつい上司や部下、他部門の同輩、顧客や取引先との関係などを思い浮かべがちだが、ジャウォースキーのリーダーシップにおいては、家族との関係や、一見仕事からは縁遠いと思われる人たち（たとえばボームをはじめとする物理学者や偶然出会う人々）との関係、さらには単独（ソロ）の活動をしているときに出会う自然界のオコジョ、クジラ、ピューマなどとの関係も、重要な役割を果たしている。

そうしたさまざまな存在との「つながり」によって、出現する未来が浮かび上がる。それを感じ取り、周囲との絶妙な調和の下にものごとを実現していくのが、ジャウォースキー流のリーダーシップなのである。

「源泉（ソース）」とは何か

出現する未来を感じて、それを現実のものにしていく。そのような力が、ビジョンに向かって、人々を巻き込み、そのビジョンを実際に現実のものにしていくというリーダーシップの基盤にある。こうしたジャウォースキーのリーダーシップ論が通常のリーダーシップ論と大きく異なる点は、その一種の神秘的な性質にある。つながり合う人々の「出現する未来」への想いが強ければ、偶然も味方となり、いろいろな流れが絶妙のタイミングと組み合わせで合流する局面がある、とジャウォースキーは示唆している。ドストエフスキーの小説の決定的場面のように。

しかし、ジャウォースキーが描くのは、創作ではなく（創作のように読みたくなる箇所もあるが）、あくまでみずからが経験してきた旅の軌跡である。またカール・グスタフ・ユング、ヴォルフガング・パウリ、そしてデヴィッド・ボームらの思想が、「源泉（ソース）」をめぐる本書の議論の支えとなっている。組織開発の専門家には、ボームの『ダイアローグ』（英治出版）を座右の書にしている人が多い。明晰な物理学者のボームが、身近に経験できるにもかかわらず明確に言い表せない実在がある、と主張していることに興味を覚えた読者も多いことだろう。ジャウォースキーも、言葉では説明できないが、それは経験できると言う。プロローグで本書の幕を開けるのは、竜巻の経験に垣間見る、その何物かの存在感だ。

「源泉（ソース）」とは、ボームの言葉では「内蔵秩序」である。リーダーシップやチームワークがうまくいくときに、ひとつの意識として行動しているという感覚をもたらすものであり、個々のメンバーよりももっと「大きなもの」に結びついているという感覚をもたらすもの、と言えよう。また、シンクロニシティとの関連では、あえて単純化を許していただくなら、シンクロニシティが生じる大元に実在する（かもしれない）ものが「源泉（ソース）」ということになる。同時に複数のできごとがうまく生じたり、会いたい、会うべきだと思える人にうまくつながりが生じたりする状況を思い起こしてもらうとよい。組織開発になじみがあり、かつU理論を実践している人たちには、Uプロセスとの関係が当然、気になるだろう。「Uの底」でいったい何が起こり、それが「源泉（ソース）」とどうかかわっているのかの解明は、多くの読者の関心の的となるにちがいない。

本書のエピローグには、ぎりぎりのところで、「源泉（ソース）」が神にほかならないと示唆する部分があるが、そのように断言してはいないのは、著者の生き方、書き方の流儀なのであろう。

本書は、前作『シンクロニシティ』と同様に、正解のない旅と行動の記録である。旅は彼の生き方であり、その行動を導くものはシンクロニシティであり、シンクロニシティが生じるのはそれが実在するからだと著者は言いたげだが、解釈は読者一人ひとりに委ねられている。私としては、この旅の過程で見出された、人々とのつながりによって必要なときに必要な行動をとる力、ジャウォースキーが第四段階のリーダーシップと呼ぶものに、これまでのリーダーシップ論を超える視座の可能性を感じていると言うにとどめておこう。

最後に

冒頭で述べたように、本書は味わい深く、また理解するのが非常に難しい。まだ前作を読まれていない方は、あわせて読まれることを強くお勧めする。幸い、前作と本書をつなぐ新章が追加された『シンクロニシティ［増補改訂版］』（英治出版）が、本書と同時発売となるので、機会があればぜひ手にとっていただきたい。

そして、本書に推薦の言葉を寄せてくださった、一橋大学名誉教授の野中郁次郎先生に心から御礼を言いたい。監訳者として、というより日本人の一読者として、わが国を代表する経営学者で、知識創造の組織論の提唱者である野中郁次郎先生が、ジャウォースキー主催の会合に呼ばれるなど、本書の大事な場面で言及があるのは、とてもうれしく、また誇らしいことでもある。

Uカーブの底でなにが起こっているのかを議論するような「場」の概念や、組織開発にU理論を応用するのに興味をもたれる方々は、U理論が知識創造の組織論（野中郁次郎／竹内弘高著『知識創造企業』梅本勝博訳、一九九六年、東洋経済新報社）とも通底するものがあることを意識して読まれるのがいいであろう。

なお末筆ながら、前作『シンクロニシティ』に続き、その増補版（近刊）とこの新作『源泉』の翻訳作業は、野津智子さんよってなされた。ていねいな翻訳作業をなさってくださった野津さん、物理の用語の注釈についてご協力いただいた慶應義塾大学の杉本憲彦先生、英治出版の原田英治社長、高野達成さん、山下智也さんに、感謝する。

二〇一三年一月

A little book goes a long way.

[著者]

ジョセフ・ジャウォースキー

Joseph Jaworski

ジェネロン・コンサルティング会長。グローバル・リーダーシップ・イニシアチブ創設者。法律事務所に 15 年間勤務した後、アメリカン・リーダーシップ・フォーラムを設立。その後、ロンドンのロイヤル・ダッチ／シェル・グループの経営戦略グループに招聘され、グローバル・シナリオ・プランニングのチーフを務めた。またマサチューセッツ工科大学の組織学習センターの上級フェロー兼理事を務め、組織学習協会の設立に尽力。著書に『シンクロニシティ』（英治出版）、『出現する未来』（共著、講談社）がある。

[監訳者]

金井 壽宏

Toshihiro Kanai

神戸大学大学院経営学研究科長。1978 年京都大学教育学部卒業。1989 年マサチューセッツ工科大学で経営学博士号、1992 年神戸大学で経営学博士号を取得。1994 年から神戸大学教授。変革型リーダーシップ、創造的なネットワーク、キャリア発達、モティベーション論が主たるテーマ。著書に『変革型ミドルの探求』（白桃書房）、『リーダーシップ入門』（日本経済新聞社）、『リーダーシップの旅』『仕事で「一皮むける」』（ともに光文社）、『サーバントリーダーシップ入門』（かんき出版）など、監訳書に『シンクロニシティ』『サーバントリーダーシップ』（ともに英治出版）などがある。

[訳者]

野津 智子

Tomoko Nozu

翻訳家。獨協大学外国語学部フランス語学科卒業。主な訳書に、『シンクロニシティ』『会議のリーダーが知っておくべき 10 の原則』（ともに英治出版）、『仕事は楽しいかね？』（きこ書房）、『スタンフォード・インプロバイザー』『外資系キャリアの出世術』（ともに東洋経済新報社）、『夢は、紙に書くと現実になる！』（PHP 研究所）、『ツールズ』（早川書房）などがある。また、『魔法があるなら』（PHP 研究所）をはじめ、心あたたまる小説の翻訳も手がけている。

● 英治出版からのお知らせ

本書に関するご意見・ご感想をE-mail (editor@eijipress.co.jp) で受け付けています。また、英治出版ではメールマガジン、ブログ、ツイッター、フェイスブックなどで新刊情報やイベント情報を配信しております。ぜひ一度、アクセスしてみてください。

メールマガジン ：会員登録はホームページにて
ブログ ：www.eijipress.co.jp/blog
ツイッターID ：@eijipress
フェイスブック ：www.facebook.com/eijipress

源泉（げんせん）
知を創造するリーダーシップ

発行日 2013年2月25日 第1版 第1刷

著者 ジョセフ・ジャウォースキー
監訳者 金井壽宏（かない・としひろ）
訳者 野津智子（のづ・ともこ）
発行人 英治出版株式会社
発行 〒150-0022 東京都渋谷区恵比寿南1-9-12 ピトレスクビル4F
電話 03-5773-0193 FAX 03-5773-0194
http://www.eijipress.co.jp/
プロデューサー 山下智也
スタッフ 原田涼子 高野達成 岩田大志 藤竹賢一郎
杉崎真名 鈴木美穂 下田理 原口さとみ
山本有子 千葉英樹 村上航
印刷・製本 大日本印刷株式会社
装丁 重原隆

ISBN978-4-86276-145-3 C0034 Printed in Japan